ブッダが説いた幸せな生き方

今枝由郎
Yoshiro Imaeda

岩波新書
1879

目次

凡例

一、インドの地名、人名、用語、書籍名などは、原則としてカタカナ表記し、サンスクリット語、パーリ語の原語のローマ字綴りは例外を除いて記さないことにしました。そしてカタカナ表記は、原則として『岩波仏教辞典　第二版』（二〇〇二年）に従いました。

一、漢字に意訳・音写された仏教用語は、日常的に普及しているもの（鹿野園《ろくやおん》、王舎城《おうしゃじょう》など）以外は極力避けました。

一、仏典などからの引用にあたっては、煩雑さを避けるため、例外を除いてレファレンス（書名、頁数など）を記しませんでした。

一、訳文も含めた引用文は、現代日本語としてできるだけ読みやすいように手を加えた箇所があります。

仏教は、歴史が我々に提示してくれる、唯一の真に実証科学的宗教である。

フリードリッヒ・ニーチェ(一八四四―一九〇〇)
ドイツ人哲学者

仏教は、近代科学と両立可能な唯一の宗教である。

アルベルト・アインシュタイン(一八七九―一九五五)
ドイツ生まれアメリカ人物理学者

ブッダは、信仰を知性に、教義を真理に、神の啓示を人間の理性に置き換えた最初のインド人である。

アンドレ・ミゴ(一八九二―一九六七)
フランス人東洋学者

仏教は、ユマニスト的であり、合理的であり、ある面ではソクラテス的であり、また別な面では福音書的でもあり、さらには科学的でもある。

ポール・ドゥミエヴィル(一八九四―一九七九)
フランス人仏教学者・東洋学者

ブッダはあらゆる時代を通じてもっとも輝かしく、かつ独創的な思想家の一人である。ブッダは人類史上に記録がある中で、もっとも偉大な思想家――かつもっとも偉大な人格者――の一人と見なされてよい。

リチャード・ゴンブリッチ(一九三七年生)
オックスフォード仏教学センター創始者・会長

はじめに

そもそも生きることは苦である。人生は思い通りにならなくて当たり前なんだ。ブッダの教えは、ここからスタートしています。

驚くべきマイナス思考ですね。

確かに真理かもしれませんが、少々寂しい気持ちにさせられてしまいます。宗教というのは、人生に救いをもたらしてくれるもの、私たちをポジティブな気持ちにさせてくれるものではないのでしょうか？（中略）

仏教では、この世は四苦八苦に満ちているのだから、二度とこの世に生まれてこない状況が理想だと明言しています。まるで人生をすべて否定している、冷たい姿勢にも思えてしまいます。

現代日本を代表するジャーナリスト池上彰氏（一九五〇年生）は、『池上彰と考える、仏教って何ですか？』の中で現代の日本人が抱いている仏教のイメージをまさに的確に要約しています。現在の日本では、仏教ということばから一般の人が思い浮かべるのは、苦、無常、死、葬式、お墓といった、人生の暗い、悲しい側面に関わることが多いですから、仏教は「人生をすべて否定している、冷たい姿勢」と受け止められてもしかたないでしょう。

池上氏はさらに、

「日本の仏教は、死者を弔うことだけに特化しすぎました。確かに(死は)人生の一大事には違いないのですが、仏教にもともとあった、よりよく生きるための教えという側面が、かすんでしまっているようです」

と述べ、オウム真理教をはじめとする新興宗教やカルトに人がハマってしまう現象に関して、「新興宗教やカルトが力を得るのは、既存の宗教や価値観が人の心を惹きつける力を失っているからです。伝統仏教ではなく、新しい時代にできた仏教のほうが魅力的に思えるのは、多くの人が伝統仏教の姿に、すでに救いを見出せなくなっているからでしょう」

と指摘しています。「無宗教になってしまったかのような日本人も、本当は今でもどこかに救いを求めている」にもかかわらず、実際にその求めに応じてくれる仏教者に日本では出会えません。それゆえに「日本が危機を迎えている今、救いを求める気持ちに応えてくれるような仏教者が日本に登場することを期待しつつ」、世界平和やチベット宗教・文化の普及に対する貢献が評価され、一九八九年にノーベル平和賞を受賞したチベット仏教の代表者であるダライ・ラマ十四世(一九三五年生)に会いにインドにまで出かけています。そして、「ダライ・ラマ法王のような魅力的な仏教の伝え手が、日本にも登場してほしいのです」と結んでいます。

私は、池上氏とほぼ同世代の日本人の一人として、氏の意見に全面的に同意します。殊《こと》に、チベット・ブータンの仏教・文化・歴史の研究者として、ダライ・ラマ十四世を指導者と仰ぐ亡命チベット人や、同じくチベット系仏教を信奉するブータン人と五十年以上の長きにわたって親しく接し、彼らにとって仏教が本当に心の支えとなっている姿を実感してきた私には、日本仏教の現状は悲しいばかりです。

よく知られたことですが、共産主義の創始者と言われるドイツ人カール・マルクス(一八一八―一八八三)は、フランスで自分自身の理論が誤った形で理解されているのを知って、

「私は『マルクス主義者』ではない」

と言ったと伝えられています。

仏教の開祖ブッダが、現在の日本仏教の現状を目の当たりにし、一般の日本人が仏教について抱いているイメージを知ったら、まちがいなく、

「私は『仏教徒』ではない」

と言うことでしょう。

それほどまでに、現在の日本仏教はブッダの教えから遠ざかったものになっており、その真価が人々に伝わっていません。

日本仏教の嘆かわしい現状の原因の大半は、確かに既成仏教側にあるでしょうが、「お経やセレモニーの意味を知ろうともしない私たちの勉強不足もあるでしょう」という池上氏の指摘も正鵠を得ています。日本で唱えられている「お経」は、いわゆる「漢訳」すなわち主にサンスクリット語から中国語に訳されたままで、日本語には訳されていません。その結果、今となっては普通の日本人で漢訳経典が理解できる人は皆無と言っていいでしょう。キリスト教の『聖書』が改訳を重ね、わかりやすい現代日本語になっているのとはまったく対照的です。しかし、仏典を難解な漢文のままに放置してきた僧侶側の怠慢を指摘・批判したところで、問題の解決にはなりません。

本書を読み通していただければおわかりいただけるように、仏教はけっしてマイナス思考でも厭世的でもありません。しかし日本人の大半がそういうイメージを抱いていることは厳然たる事実であり、異論がないでしょう。それは仏教民俗学者の五来重《ごらいしげる》氏(一九〇八—一九九三)が

「日本仏教は仏教の誤解から出発した」と指摘しておられるように、六世紀に伝来してから現在に至るまでの日本の仏教のあり方が、出発点から誤っていたからです。ですから、仏教が本来、よりよい人生を生きるための指針であることを理解するためには、日本人は僧侶も信者も、一度白紙に戻ってブッダ自身の教えを見出す必要があるでしょう。

言うまでもなく、仏教は紀元前五世紀にインドに生きた一人の「目覚めた人」すなわちブッダを開祖とする宗教です。ブッダが活動したのはガンジス川中流域であり、彼自身はその地域のことば(マガダ語)で話しました。当時はまだことばが文字に記されることはなく、ブッダの教えは数世紀にわたって口承で伝えられました。そして紀元前後になって初めてパーリ語に記し留められ、さらにインドの古典語として整備されたサンスクリット語で記されるようになりました。仏教のインド圏以外への伝播に伴い、ブッダの教えはアジア諸国・諸民族の様々な言語に翻訳されました。中国では紀元三世紀頃から何千という仏典が中央アジア・インド人僧と中国人僧との共同作業で中国語に訳され、いわゆる「お経」となりました。それらが朝鮮半島を経て日本に伝えられたのは六世紀のことです。それ以来、インド起源の仏教は、日本の風土、日本人の精神性に同化・順応しつつ、様々な宗派に分化し、独自の特殊な形態を採《と》るようになりました。こうして仏教は、日本人の精神性形成に不可欠の役割を果たして現在に至っています。

しかしながら、哲学者・仏教学者梅原猛《うめはらたけし》氏(一九二五—二〇一九)は、長い研究の末に、「釈迦の十二因縁の思想は、どうやら、因縁・因果の名でもって、われわれの現実に知られていた思想とはまったく別な思想のようでした」と、自らが気付いたことを指摘されています。このことは、日本人の仏教理解は、本来の仏教からかけ離れ、特殊なものになってしまったことを端的に物語っています。十二因縁以外の仏教の教え、思想、事柄に関しても同様です。仏教本来の教え、風習などは、日本人が長年こうだと思い込んできたものとは、まったく異なったものである場合が多々あります。日本仏教には、各宗派の開祖たちによって変容されたり、新たに付け加えられた日本独自のものも少なくありません。一番の問題は、日本人は仏教に慣れ親しんでおり、仏教を知っているつもりでいることです。仏事事《ぶつじごと》、お墓、お彼岸、お盆、除夜の鐘、初詣でなどなど、仏教にまつわる事柄は日常生活の中に溶け込んでおり、風物詩となっています。しかしそれらはすべて日本という土壌風土で考案され発展してきた特殊なもので、いわば「奇形」としか言いようのないものです。二千五百年近く前のインドで、一人の「目覚めた人」すなわちブッダが説いたことから、遠く離れ、逸脱し、歪曲されてしまっているものです。

ブッダの教えが記された「お経」は、僧侶によって法要の場で漢文のまま呪文のように厳かに読誦《どくじゅ》され、信者にはチンプンカンプン(揶揄《やゆ》的に「珍文漢文」と当《あ》てたりします。)で理解できません。(おそらく僧侶の中でも、自らが読誦する経典の意味を正しく理解し、説明できる人はほんの少数でしょう。)その結果として、仏教は理解するものではなく、わからないままに「ありがたい教え」「ご利益のあるもの」として受け止めるのが社会規範となっています。

こうして、現在の日本仏教がブッダ自身の教えから遠ざかってしまっていることが明らかであるからには、ブッダが実際には何を考え、何を教えたのか、ということが問題になります。しかし残念ながら、それに関する正しい情報、知識は、日本人の間では、仏教徒も含めて、意外なほど乏しいのが現状です。

日本仏教の歴史的背景からすれば、これはある意味では当然の帰結です。日本では「お経」が漢文のままで受容され、つい最近に至るまで母国語である日本語に訳されることはありませんでした。数千にものぼる膨大な量の「お経」(大蔵経)は、当然のこととして日本人には理解不可能な外国語文献であり、ほんの一握りの専門家・仏教学者たちにしか理解されていません。

ブッダ自身のことばを書き記したテクストが日本語に翻訳され始めたのは、明治(一八六八―一九一二)以後のことであり、仏教が六世紀に日本に伝来してから今に至る千五百年近い長い歴史の中では、ほんのつい最近になってからのことです。

仏教学者増谷文雄《ますたにふみお》氏（一九〇二－一九八七）が、

「長きにわたって仏教の影響のもとにありながら、われらは、現代にいたっていま、初めて教祖ブッダの本来の面目を見得るものとなった」

と記しておられるのは、逆説的ではありますが、まさに事実です。

歴史上の仏教の開祖ブッダに関するもっとも信憑性がある史料はパーリ語で書かれたテクストであり、いわゆる『パーリ語大蔵経』として編纂されています。その内、もっとも古いテクストは紀元前後に徐々に文字に書き留められるようになったと考えられています。これらのテクストには、ガンジス川中流域のあちこちで、バラモン教徒インド人たち――当然のことながら、当初は仏教徒は一人もいませんでした――を前に説法するブッダが彷彿《ほうふつ》として現れ、私たち自身もあたかもその場に同席しているかのような臨場感があります。

私が本書を著すにあたって依拠したのは、一つにはこうした文献学上可能な限りブッダ自身のことばに近いテクスト、およびそれらの近代的学術研究（巻末の参考文献参照）です。そしてもう一つには、著者自身が半世紀余研究してきた、ダライ・ラマ十四世に代表される、現代に生きているチベット・ブータン仏教です。それゆえに、本書は著者自身の多分に個人的な「仏教」理解です。

こうして描き出された仏教は、「人生をすべて否定している、冷たい姿勢」ではけっしてなく、人としての幸せを追求する、合理的、科学的、ユマニスト的、慈しみのある実践体系、すなわちブッダの「幸福論」、幸福のレシピに他なりません。レシピはおいしい料理のガイドブックであり、仏教は幸せな人生への指南書です。このことは、本書を読み終えていただければ、読者の皆様にもおわかりいただけるものと確信しています。

一章　仏教徒は幸せ

人は自分が一番愛おしく、幸せを求めている

ブッダすなわち「目覚めた人」が生きたのは、紀元前五世紀の北インドのガンジス川中流域でした。その時代には、その地域全体を統一する国家はなく、十六大国と総称されるいくつもの国に分割されており、その中で西方のコーサラ国、東方のマガダ国の二つが強国でした。そのコーサラ国のプラセーナジット王はブッダに帰依し、その保護者となりましたが、次のような興味深い話が残されています。


王は、王妃マッリカーに次のように話しかけた。

「マッリカーよ、そなたには、そなたよりも愛おしい者がいるか」

「大王よ、私には、私よりも愛おしい者はいません。大王よ、あなたには、あなたよりも愛おしい者がございますか」

「マッリカーよ、私にも、私より愛おしい者は誰もいない」

そこで、プラセーナジット王は王妃マッリカーとともにブッダを訪ねて、こう質問した。

「私は妃のマッリカーと話し合いましたが、お互いに自分よりも愛おしい者はいないという結論に達しました。これは、いかなることでしょう」

それに対して、ブッダが答えた。

「人の思いは、どこにでも赴くことができる。

しかしながら、どこに赴こうとも、
人は自分よりも愛おしい者を見出すことはできない。

誰にとっても、自分がこの上なく愛おしい」


また仏典には、こんな一節があります。


一人の神が言った。

「わが子にまさって愛おしい者はない」

それに対してブッダは
「自分にまさって愛おしい者はない」

と答えた。

世間一般には親は、わが子を自分よりも愛おしむものとされています。しかしブッダはそうではなく、「自分にまさって愛おしい者はない」という思いを、人間のもっとも素直で深い気持ちとして、ごく普通に認めました。プラセーナジット王と王妃マッリカーの夫婦間においても、各人が自分の方が愛おしいと考えるのをもっともなことだと認めています。世間の常識的見方からすれば、非情で、利己的な許しがたい態度に映ることでしょう。

また、もっとも古い仏教テクストの一つである『ダンマパダ』(=漢訳では『法句経《ほっくきょう》』)には、以下のように記されています。

「生きとし生けるものは、幸せを求めている。
神々も人も、その多くは、幸せを願い、幸せに思いを巡らしている」

これもまた、当然すぎるといえばそうですが、ある意味では驚くべき宣言です。この「人は誰でも、自分が一番愛おしく、幸せを求めている」という事実こそが、すべての人間の出発点であり、幸福の実現は人生の目的です。

チベット仏教のみならず、現時点での仏教全体の代表者ともいえるダライ・ラマ十四世は、次のように述べています。

「すべての生きものは本能的に幸福を求め、苦しみを嫌うということを認識するのに、長い時間考える必要はありません。昆虫でも、苦しみを逃れ、心地よくいようとしないものは一匹としていません」

ブッダ自身のことばに戻りますと、

「生きとし生けるものにとって命は愛おしい。
生きとし生けるものは暴力に怯え、
生きとし生けるものは死を恐れる。
わが身に推しはかって
殺してはならず、殺させてはならない」

とあります。

このようにブッダ以来現在に至るまで、仏教ではこの「自分が一番愛おしい」という認識が一貫しています。これだけでは、個人主義的な、自分のことしか念頭に置かない利己主義的な態度とさえ映ります。しかし注意しなくてはならないのは、ブッダは自らが愛おしいということ、また自らが幸福を追求するということと同時に、「わが身に推しはかって」ということばを用いていることです。自分にとって「自分が一番愛おしく、幸せを求めている」ことから推いはかれば、生きとし生けるものすべてにとって「自分が一番愛おしく、幸せを求めている」ということはおのずとわかるはずです。それゆえにブッダは「誰もが自らを愛するゆえに、誰をも傷つけるべきではない」と述べているのです。『ダンマパダ』と並んで、最古の仏典の一つである『スッタニパータ』には、

「他人《ひと》も私と同じであり、私も他人と同じである、と思い、

他人を殺めてはならず、殺めさせてはならない」

とあります。この自覚から、当然のこととして他人に対する、他の生きものに対する愛おしみ、慈愛が生まれ、これが真の意味での博愛と言えるものです。これは「自分が愛おしい」という、誰もが抱く気持ちから湧き出るもので、「敵を愛しなさい」と言った他律的命令ではなく、文化的、宗教的、民族的な差異を超えて、いつの時代にも全人類に共通するものです。幕末から明治維新にかけて活躍した西郷隆盛(一八二八―一八七七)の

「我《われ》を愛する心をもって、人を愛するなり」

ということばは、同じ認識に立ったものと言えるでしょう。ここにブッダの立場の時空を超えた普遍性があります。

この立場を現代に実践した例として、仏教国ブータンでの例を挙げることができます。ブー

タンは、インドから国内に不法に陣取ったアッサム独立派ゲリラを駆逐するために二〇〇三年末に戦闘行為を余儀なくされました。十二月十五日に軍事行動を開始するにあたって、第四代国王ジクメ・センゲ・ワンチュック(一九五五年生。在位:一九七二―二〇〇六)は、全兵士および全義勇兵を前に訓示しました。ところが誰もが驚いたのは、それに先だって、中央僧院のヤンペ・ロポン(声明《しょうみょう》博士)の位にある高僧が、次のように話したことです。彼は、

「あなた方には、あるいは夫として、子どもとして、親として、兄弟として、友達として、愛しい人がいる。それと同じように、敵対相手であるゲリラ兵の一人ひとりにも、愛しい人がいることに変わりない。それゆえにあなた方は慈悲の心を持たねばならず、仏教徒としては殺生が認められると思っては絶対にならない」

と説きました。

一人の義勇兵はそれを聞いたときに、信じられなかったと回想しています。彼は読書家で、義勇兵となってから兵法のバイブルである『孫子《そんし》』を読んでいました。その中には、「敵を殺すには、兵士を怒りに駆り立てねばならない」とあって、それが戦争に勝つ秘訣です。ところが、これから軍事作戦に出ようとするときに、これとはまったく逆のことを、国王はヤンペ・ロポンに訓諭《くんゆ》させたわけです。これはまさにブッダの立場の実践に他なりません。

ブッダは、こう述べています。

よき行いに長け、平安の境地を目ざす人は、次のようにふるまうべきである。
すべての生きとし生けるものを幸せに、安らかに、楽しくせよ。
あたかも母親が、命がけで一人子を護るように、
生きとし生けるものに、限りない慈しみの心を抱け。
上下四方の全世界に対し、限りない慈しみの心を抱き、
分け隔てすることなく、怨《うら》むことなく、敵意を持つことなかれ。
行住坐臥《ぎょうじゅうざが》、命のあらん限り、慈しみの心を堅持せよ。
これこそがこの世における崇高な姿勢である。

ブッダ自身最晩年になり、自らの人生を振り返り、
「この世界は美しいものであり、人間のいのちは甘美なものである」
と述べていますが、これは「目覚めた人」となった一人の人間が八十歳の命を全うするに際しての、ありのままの心境でした。そう言えたのは、彼が自らの命を愛おしむと同じように、生

きとし生けるものの命を愛おしんだからでしょう。

しかしながら、人は幸せを願い、幸せに思いを巡らしていながらも、多くの場合幸せになれないのが現実です。十九世紀のドイツ人哲学者A・ショーペンハウアー（一七八八―一八六〇）は、三十代初にして出版した代表作『意志と表象としての世界』のなかで「この人間生活においては意志はたえず他の意志によって阻まれ、生は同時に苦を意味し、この苦を免れるには意志の諦観・絶滅以外にない」（西尾幹二訳）と説き厭世哲学者と見なされました(1)。こうして「人生は苦である」と諦めてしまうのも一つの立場です。

しかしブッダの立場はそうではありませんでした。出家以前のブッダは王子として何一つ不自由のない境遇にありました。しかしシッダールタ王子は青春の幸せの只中にありながら、その幸せが、老・病・死に代表される「誰もが忌み嫌う」苦しみにより根底から覆される性質のものであるという事実に気付きました。そして、それを乗り越えなければ本当の幸せはありえないという深い洞察を得ました。ブッダは苦しみと直面し、それを徹底的に分析し、その生起と消滅のメカニズムを透視することにより、苦を超越しました。こうしてブッダは八十年に及んだ生を幸せに全うしたのでした。ブッダの教えすなわち仏教は、まさに生きとし生けるものが、ブッダのように幸せな人生を送るための教えに他なりません。

（1）その彼は七十二歳で亡くなりましたが、晩年は幸せに暮らし、『幸福論』も著作しています。

苦しみをなくすことではなく、超越すること

「自分が一番愛おしく、幸せを求めている」にもかかわらず、人間は誰しも、人間存在に内在する、不可避的な苦しみをはじめとするさまざまな苦悩に直面せざるをえません。その代表格が、老、病、死です。(2)

病に関して、ブッダはこう述べています。

弟子たちよ、病いには二種類ある。肉体的な病いと心的な病いである。肉体的病いは、一年、二年、……百年、さらにはそれ以上にわたって罹《かか》らない幸せな人がいる。

しかし弟子たちよ、心的な汚れから解放された者たちを除いて、この世の中で心的病いのない状態を一瞬たりとも享受できる人は稀である。

確かに、病いという苦しみは、現代では医学の進歩によって、かなり取り除かれた、あるい

は軽減されたことは事実で、喜ばしいことです。しかし残念ながら肉体的・心的な病いに苦しむ人の数は増え続けています。また新たな病気や伝染病、さらには最近のように新型コロナウイルスによる地球規模のパンデミックが発生し、多くの人の命が奪われています。歴史的観点に立てば、こうした病禍は今回が最初のものではなく、また最後となるものでもないでしょう。

老いに関しては、平均寿命、何よりも健康寿命が着実に伸びつつあることはポジティブなことです。そして老い即苦しみとネガティブには捉えられなくなり、老いに直面しても、できる限りの人間的尊厳を保《たも》てる人も増えてきています。しかしながら老いは不可避であり、高齢者の介護・養護は世界的な社会問題になっています。

死に関しては、本質的に事情が異なります。人間は死すべき運命にある存在で、誰一人として死から逃れることはできません。死が大きな苦しみであることは古来変わることがありません。病により、事故により、若くして亡くなる人の場合には、本人はもちろんのこと、親族、友人たちにとっての苦しみは、いっそう大きいものがあります。

いずれにせよ、ブッダが見出したのは、老、病、死に代表される苦しみの本質、生起・消滅の過程であり、苦しみそのものをなくすのではなく、それらを超越する方法です。次の逸話が、ブッダの立場を端的に物語っています。

（2）一般には生老病死の四苦と総称されています。老病死はすんなりと理解できますが、生に関しては「生まれるときの狭い産道を通過する苦しみ」とか「生きることそのものが苦しみである」などさまざまに解釈されています。しかしいずれも的を射た説明とは言えません。結論だけを言いますと、生苦とは輪廻（生死）を繰り返して再び生まれる（再）生の苦しみと理解するのが妥当でしょう。

子を亡くしたキサー・ゴータミーの悲しみ

シラーヴァスティー（コーサラ国の首都）に、ゴータミーという、貧しい家に生まれた一人の女性がいた。彼女は痩せていた（キサー）ので、キサー・ゴータミーと呼ばれていた。結婚して、男の子を産んだが、歩けるようになるが早いか、あっけなく亡くなってしまった。そこで彼女は、その亡骸を抱いて、

「この子を生き返らす薬を下さい」

と町中を歩き回った。一人の男が彼女を哀れみ、

「私にはそんな薬はありませんが、あなたの子供を救ってくださる師を知っています。彼の許《もと》に行きなさい」

と、ブッダ（目覚めた人）の居場所を教えた。

キサー・ゴータミーは、ブッダの許に行き、敬意をもってこう質問した。

「町の人から、あなた様なら私の子供を救ってくださる、と聞いてやってきました。どうしたらいいですか」

それに対して、ブッダはこう言った。

「白い芥子《からし》の種が一粒あればいい」

キサー・ゴータミーは、白い芥子の種はどの家にもあるので手に入れるのはたやすいことだと思い、安堵し、喜んだ。しかしブッダは次の条件を付けた。

「ただし、今までに、男の子も、女の子も、誰一人死人を出したことがない家から貰ってくるように」

そう言われたキサー・ゴータミーは、白い芥子の種を求めて町中の家々を一軒一軒回った。しかし、かつて死人を出したことがない家は見つからなかった。日も暮れかけて、彼女は気付いた。

「私は、子供を亡くしたのは自分一人だと思っていた。しかし、どの家も死者を出したことがあり、親族を亡くしたことがない家は一軒もないのだ」

日も暮れて、彼女が戻ってくると、ブッダは尋ねた。

「芥子の種は手に入ったかね」

「いえ、手に入れることができませんでした。どの家も家族の一員を亡くしたことがあり、亡くしたことがない家は一軒もありませんでした」

そこでブッダは、こう答えた。

「まさにそのとおりである。あなたは無知ゆえに、子を亡くしたのはあなた一人だと思い込み、その悲運を不条理だと嘆き悲しんでいた。しかし、生きとし生けるものは、幼少か晩年かの差こそあれ、誰しも死ぬものである。死は誰一人として免れることができない。これは普遍の理《ことわり》であり、人間の宿命である」

キサー・ゴータミーは、このことばを聞いて、生を授かった者にとって死は不可避であることに気付いた。当初はわが子の死を嘆き、その蘇生を願ってブッダの許に駆けつけた彼女ではあったが、自分の願いは、無知ゆえの無いものねだりであることに気付いた。

ブッダは、亡くなった子供を蘇《よみがえ》らせはしませんでした。ブッダはただ単に、わが子の死を嘆く母親に、死の不可避性、死という人間存在に内在する苦しみの普遍性を説いただけでした。しかしキサー・ゴータミーは、そのことに気付かされて、「救われた」のです。ブッダは、他の宗教などで用いられる普通の意味での救済者ではありませんでした。人々にものごとのありのままの姿を「目覚め」させ、それによって人が自分自身を救うように導く偉大な教師でした。

「第二の矢」を受けず

ブッダは人生のありのままを直視した人でした。幸せを求めつつも、苦しみに直面せざるを得ない人生のありのままの姿を冷徹な目で透視した人でした。苦しみは、なくしたいからといって、なくせるものではありません。こうした場合、ブッダが説いたのは、その現実にどう対処したらいいのかという具体的、現実的な対処方法でした。

初期の経典の次の逸話が、このことをよく物語っています。

ある日ブッダは弟子たちに、こう質問した。

「私の弟子も、そうでない者も、人は誰でも苦しみを経験する。では、私の教えを聴いた者と、聴いたことがない者とでは、どこに違いがあるのか」

これに対して、弟子たちは返答に窮し、ブッダに回答を求めた。そこでブッダはこう答えた。

「私の教えをまだ聴いたことがない者は、苦しみに出会うと、取り乱し、嘆き悲しんで、ますます混迷する。それはあたかも「第一の矢」を受けて、さらに「第二の矢」を受けるようなものである。

それに反して、私の教えを聴いた者は、苦しみに出会っても、いたずらに取り乱し、嘆き悲しんで、混迷することがない。それを私は、「第二の矢」を受けず、というのである」

ブッダは神でもなく、神の子でもなく、超能力者でもなく、一人の人間でした。それゆえに死者を蘇らせたり、病人を奇跡的に治したりする力は持ち合わせていませんでした。一般的意味での宗教の開祖たちは、神あるいはその化身、さもなければ神からの啓示を受けた存在である、と自ら主張します。しかしブッダは「自分は人間以上の存在である」と主張しなかった唯一の開祖でしょう。そして自らが理解し、到達し、達成したものはすべて、人間としての自らの努力と知性により体得したものであると主張しました。

人は往々にして、苦しみからの癒《いや》し、救いを宗教に求めます。そうした人にとって『聖書』の「信じてバプテスマ(洗礼)を受ける者は救われる」(「信ぜよ、さらば救われん」)とか「疲れた者、重荷を負う者は、誰でも私の許に来なさい。休ませてあげよう」といったことばは、確かに心に響きます。しかしブッダは、この類の癒しや救いを約束する救済者ではありませんでした。病い、老い、死といった、誰一人として望まない苦しみも、ブッダにとっては人間存在に内在する不可避的なものであり、それをなくすことは不可能です。これは、今しがたのたとえで言えば、「第一の矢」であり、多寡、早晩の違いはあっても誰一人避けようがないものです。

ブッダが説いたのは、この避けようのない「第一の矢」を受けた場合に、どう対処したらいいのかという実践でした。多くの人は苦しみに直面したとき、苦しみの原因、実体に対する無知ゆえに、取り乱し、嘆き悲しんで、混迷します。これをブッダは「第二の矢」を受けることにたとえています。ブッダは、「第一の矢」を受けた人が、さらにその上にいたずらに「第二の矢」を受け、一層苦しみ嘆くことがないように、アドバイスするだけです。ある意味、非常に消極的で冷淡に映るかもしれません。ブッダは何よりも現実を直視し、ものごとのありのままの姿を洞察した人です。無知ゆえに、人生のありのままの姿を理解せず、苦しんでいる人たちに、各人が自らの力でできることを助言するだけでした。

よく考えてみると、実生活において私たちは、往々にして「第一の矢」そのもので苦しむことより、「第二の矢」で苦しむことの方が多いのではないでしょうか。それをブッダは、「いたずらに取り乱し、嘆き悲しんで、混迷する」と言い、受けなくても済む「第二の矢」を自ら受け、一層苦しむだけであると言っています。
ダライ・ラマ十四世は、この「第二の矢」を、次のように表現しています。

一般に、私たちは自分の不幸にまったく責任がないと考えます。きまって誰か、あるいは何かのせいにします。(中略)私たちは、試験に落ちて、もっと勉強すれば合格できたのを認めない学生のようです。誰かに腹を立て、状況は利がなかったとわめきます。しかし、この第二の精神的な苦しみが、最初の苦しみに加わるのは、さらにひどいことではありませんか。

非情ともいえる宣言に映るかもしれませんが、人間存在に内在する「第一の矢」は不可避である以上どうしようもありません。人としてできるのは、それを受けたときに、どう対処するかだけです。これが紀元前五世紀のブッダのアドバイスでありましたし、二十一世紀のダライ・ラマ十四世もまったく同様な助言を与えています。
「単純に私たちのものの見方を変えるだけで、現在の困難を確実に減らし、新しい困難が生じないようにすることができます。言いかえると、私たちは自分の苦しみの多くを自分の手で作っています」

日本語で「気の持ちよう」という表現がありますが、まさにそのとおりで、ものごとや状況の受け止め方、対処方法次第ですべては根本的に違ってきます。このことは、皆さん自身も一度や二度は経験されたことがあるでしょう。

シャーリプトラとマウドガリヤーヤナの死

ブッダは晩年、シャーリプトラ（漢訳では舎利弗《しゃりほつ》と音写）とマウドガリヤーヤナ（漢訳では目犍連《もくけんれん》と音写。縮めて目連《もくれん》）という最愛の二大弟子に先立たれました。そのとき、こう述べています。

「出家修行者たちよ、シャーリプトラとマウドガリヤーヤナが逝《い》ってから、私にとってこの集いはまるで空虚になってしまった。あの二人の顔が見えない集いは、私には寂しくてたまらない」

しかしブッダは、悲愁のなかに沈んではいませんでした。

だが出家修行者たちよ、この世の中のものは、何一つとして、誰一人として、いつまでも移ろわないものはない。これが理《ことわり》である。

大木を見てみるがいい。その枝の内、何本かは先に枯れ落ちていく。それと同じように、私の弟子たちのなかで、あの二人が先立っていった。この世に、移ろわないものは一つとしてない。これが理である。

ブッダはけっして冷淡な人ではありませんでした。愛おしい弟子の死は彼にとって非常に辛かったでしょう。しかし、すべてのものは移りゆく性質であることを心に留め置き、冷静にふるまいました。愛おしい者との死別は避けられないものですが、それをどう受け止めるかは人次第です。ダライ・ラマ十四世はこう述べています。

「重要なことは、本質的な苦しみ、すなわち病、老、死は人生の一部だということを認識することです。生まれた以上、老いて死ぬのは避けられないことです。それが定めです。不当だと嘆いても、不条理だと言ってみても、どうにもなりません」

これはどんな人との死別にも当てはまります。一見すると、いかにも非情な、冷たい無慈悲な態度に映り、死者を蘇らせるといった奇蹟を行ったキリストとは対照的です。しかし、これこそがブッダの本質的な認識です。キサー・ゴータミーは、悲しみの只中で、ブッダのことばにより、生を授かった者にとって、死は早晩の差こそあれ不可避であるという現実に自分が無知であったことに気付き、人生の真実に「目覚め」ました。ブッダはキサー・ゴータミーの無知を指摘し、人生の現実に「目覚め」させただけですが、この「目覚め」こそが真の意味の「救い」です。

ブッダは開祖ではなく道案内

仏教は宗教なのか哲学なのかということがしばしば論議されます。このこと自体が、他の宗教と仏教の違いをよく反映しています。先にも述べましたように、他の宗教の一般的意味での開祖たちが、神あるいはその化身、さもなければ神からの啓示を受けた存在であると主張しているのとは対照的に、ブッダは「自分は人間以上の存在である」とは主張しませんでした。彼は、自らが理解し、到達し、達成したものはすべて、人間としての自らの努力と知性によって経験したと述べました。それゆえに、ブッダはむしろソクラテス（紀元前四六九頃―三九九）、プラトン（紀元前四二七―三四七）といった古代ギリシャの哲学者、あるいは孔子（紀元前五五一／五五二―四七九）、老子（春秋時代（紀元前七七〇―四〇三）の思想家）といった古代中国の賢人に近いと言った方が適切でしょう。はっきり言えることは、ブッダ自身には自らが新たな宗教を創始したという意識はなかったということです。次の逸話にそれがよく窺えます。

古道の発見

ある人がいて、人里離れた森のなかをさまよい、偶然にも昔の人たちが通った古道を発見した。彼がその道を辿《たど》ってみると、古城があり、園林がめぐらされ、美しい蓮の花を浮かべた池のある、素晴らしい古都があった。

それと同じく、私は過去に「目覚めた人」たちが辿った道を発見しただけである。この道は、私がこの世に生まれてこようと、生まれてこなかろうと、正しい真理として古《いにしえ》から存在していたものである。私は、それが見失われていたのを偶然に発見し、今あなた方に説いているだけである。

ここには開祖にありがちな驕《おご》り、および自分の教えだけが真理であって、他はすべて間違っているといったような排他性はいっさい見られません。あるのは、今自分が「目覚め」、説いているのは、古からの普遍的真理であるという揺るぎない確信だけです。ブッダは独創的宗教の考案者、創始者ではなく、普遍的真理の発見者です。これはたとえば、ニュートン(一六四二―一七二七)が、リンゴの落ちることから万有引力の法則を発見したのに通じます。ニュートンが出現しようが、しまいが、万有引力は地球の誕生以来存在していました。ただニュートンは、彼以前の人々が明確に理解できていなかったことを、注意深く正しく観察し、法則化しただけです。

ブッダは自らが見出した真理を道にたとえていますが、この道に関して、仏典には次のような興味深い逸話が残されています。

ブッダは人としてよりよく生きる道を教えるのみ

あるとき、マガダ王国の首都ラージャグリハ（漢訳では王舎城《おうしゃじょう》）からの来訪者がブッダに質問した。

「あなたの弟子たちは全員、あなたが説く理想の境地に達することができますか」

それに対してブッダはこう答えた。

「友よ、私の弟子の中にも、達しうる者もいれば、達しえない者もいる」

そこで友はこう尋ねた。

「理想の境地はたしかに存在し、そこに至る道があるというのに、達することができる者と、達することができない者がいる、というのはどうしてですか」

ブッダはこう答えた。

「友よ、人が、あなたの住まうラージャグリハへの道を尋ねたとしよう。あなたは、その人のために、詳しくその道を教えるでしょう。しかし、ある人は無事にラージャグリハにたどり着くでしょうが、ある人は道を間違え、あらぬ方にさまようこともあるでしょう。それは、どうしてなのですか」

来訪者が答えた。

「私は道を教えるだけですから、そのあとはどうすることもできません」

それを受けてブッダはこう答えた。

「友よ、そのとおりである。理想の境地はまさに存在し、そこに至る道もまさしく存在する。しかし、弟子の中にはその境地にたどり着ける者もいれば、たどり着けない者もいる。それはひとえに弟子自身の問題であり、私にはどうすることもできない。私は、ただ道を教えるだけである」

『ダンマパダ』には、

「ブッダは、ただ道を説くだけである」

と明確に記されています。

これも、師としての責任逃れで、弟子に責任を転嫁しているかのような印象を与える態度に映るかもしれません。確かに「信ぜよ、さらば救われん」といった、信者を安堵させる態度とは好対照です。ブッダが説く道は、彼自身が長年努力し、考察し、実証した理想の境地に至る道です。ですからその道順に誤りのないことには確信がありました。しかしその道順を正しく理解し、歩んでいけるかどうかは、決意、性向、能力といった諸々の要素を含めて、ひとえに各人次第です。当然のこととして、地図が読めない人のように、道順がわからず、いつまでもさまよう人がいることも否定できません。こういう人の場合、まずは地図の読み方から学習することが必要です。

これは料理のレシピにたとえればよくわかるでしょう。レシピは、それが読めない人には役に立ちません。ですからレシピを参考に料理をしたい人は、まずはレシピの読み方を学習することから始めなくてはなりません。しかしレシピは読まれるだけでは、絵に描いた餅にすぎません。レシピはそれに従って料理が作られて、すなわち実践されて初めて本来の目的が達成されます。その場合でも同じレシピに従いながらも、調理する人によって出来上がる料理の味が変わってくるものです。

ブッダは人として幸福に向かって歩むべき道すなわちレシピを教えるだけであり、その道を誤らずに歩めるかどうか、美味しい料理ができるかどうかは各人次第です。

ブッダは、自分の教えはことばの次元ではなく、実践によって一人ひとりの人格に具体的に反映されて、初めて意味があるものと考えていました。

ブッダはこう述べています。

「よい教えは理解してこそ糧になり、理解したことは、実践してこそ糧になる」

仏教は、空虚な理論、教義ではなく、誰にでもできる、誰もが行うべき実践の教えです。

仏教徒は幸せ

ブッダの教えを実践した弟子たちは幸せでした。次の話が、その様子をよく伝えています。

コーサラ国のプラセーナジット王はブッダに帰依し、その保護者となりましたが、仏教教団に関して、

「他の宗教の弟子たちが憔悴《しょうすい》し、粗野で、血の気がなく、やせ細り、魅力がないのとは違い、ブッダの弟子たちは、楽しく意気盛んで、喜びに沸き、充実した精神生活を営み、健やかで、不安がなく、落ち着き、心安らかで、心軽やかである。尊敬すべき弟子たちが、心健やかにい

るのは、間違いなくブッダの偉大なる教えを理解したがゆえである」

と述べています。

また別の仏典では、ブッダの弟子たちが、シンプルで静かな生活を送っていながら、顔色が輝いているのはどうしてかと尋ねられたとき、ブッダはこう答えました。

「彼らは過去を悔やまず、未来のことで気を病まない。彼らは現在を生きている。だから彼らの顔色は輝いている」

『ブッダが説いたこと』の中で、ラーフラ師は、

「本当の人生は、過ぎ去った、死んだ過去の記憶でもなく、まだ生まれていない未来の夢でもなく、この瞬間である。今の瞬間を生きる人は、本当に人生を生きており、もっとも幸せである」（傍点は著者による）

と述べていますが、ブッダの弟子たちはまさにそう生きていたので、それが顔色に表れていたのでしょう。

『ダンマパダ』は、こうした仏教徒の生活態度をこう表現しています。

怨みを抱く人たちの中にあって、

私たちは、怨みを抱かず幸せに生きよう。
憂《うれ》いに満ちた人たちの中にあって、
私たちは、憂うことなく幸せに生きよう。
貪る人たちの中にあって、
私たちは、貪らずに幸せに生きよう。
何も所有することなく、
私たちは幸せに生きよう。
光り輝く神々のように、
私たちは喜びを糧に生きよう。

ここから窺えるのは、ブッダ在世時代、その教えに従って修行した人たち、すなわち初期の仏教徒は幸せであったということです。このことは、ブッダの「目覚め」に基づく生き方は、ひとびとを確実に幸せに導くものであったことの何よりの証左です。ブッダ亡き後も、その教えに従う人たち、すなわち仏教徒が増え続け、広くアジア全域に広まりました。このことは、ブッダの教えの有効性がインドという風土、土壌、そして紀元前五世紀という時代に限定されるものではなく、それを超えた普遍性を持ったものであることを雄弁に物語っています。

輝く顔

「目覚め」たブッダの顔は輝いていました。このことは、仏像などにもよく反映されています。図1は、「目覚め」の前に苦行に励んでいた時のブッダを表したもので、憔悴《しょうすい》し、血の気がなく、やせ細り、覇気がないものです。それとは対照的に図2のブッダは、「目覚め」の後の姿で、ふくよかにして微笑《ほほえ》みを湛《たた》えており、温和で、静謐《せいひつ》で、慈しみ深く、人に安らぎをも

図1　釈迦苦行像(3-4世紀頃). ラホール博物館所蔵.〔日本放送協会『パキスタン・ガンダーラ美術展図録』より，田中学而撮影〕

図2　仏坐像. ロリアン・タンガイ(パキスタン)出土. クシャーン朝(2世紀頃). インド・コルカタ博物館所蔵.

たらすものです。このような師の周りにいる弟子たちは、その感化を受け、おのずと心健やかな人たちの集団を形成しており、それをプラセーナジット王は炯眼《けいがん》にも見抜いたのでしょう。

二章で詳しく述べますが、ブッダが「目覚め」の内容を人に伝えようと決心したとき、彼らならわかってくれるだろうと思って、最初の相手として選んだのが、かつて苦行を共にした五人の仲間でした。ブッダは彼らがどこにいるかを知っていましたので、そこに向かいました。しかしブッダが彼らに近付くと、彼らはかつての仲間シッダールタを、苦行を捨てて堕落した者として軽蔑していましたので、ブッダの語ることに耳を貸さないように申し合わせていました。そこでブッダは、こう切り出しました。

「私の顔を見なさい。かつて私の顔がこのように輝いているのを見たことがあるか」

そう言われて、五人がブッダの顔を見てみると、つい最近まで一緒に修行に勤《いそ》しんでいた頃とは違って、清らかに輝いているのに気付きました。「どうしてなのか」と疑問に思い、彼らはブッダの話を聴いてみる気になりました。ブッダは自分が「目覚め」たことにより、以前とは違う自分になっていることをはっきりと自覚していました。そしてそれが顔色にも表れているることを確信しており、それなくして自分の説くことに説得力がないことがわかっていたのでしょう。これがブッダの最初の説法で「初転法輪《しょてんぼうりん》」と呼ばれるものです。

その後の仏教の伝播には、常に自らが幸せを体現した、この清らかに輝く顔がありましたし、なければなりませんでした。こうしてブッダの「目覚め」は、彼一人のものではなく、かつての修行仲間五人を加えて六人のものになりました。仏教の誕生であり、仏教教団の始まりです。これこそが、生きとし生けるものへのブッダの最大の慈しみと言えます。ブッダの「目覚め」、すなわちものごとのありのままの姿を知り、無知から脱出する道は、それを聴く耳を持つすべての人に開かれたものです。こうしてブッダ「目覚めた人」が発見した真理は、ガンジス川中流域のみならず、徐々にアジア全域に飛躍的に伝播していき、現代に至っています。

強制ではなく、魅《ひ》きよせる――仏教の伝播

ブッダは、最初の弟子五人が、ブッダの教えを広めるために各地に出かけようとしたとき、次のような趣旨の戒めを与えています。

町で出会った人に、あなた方から、「ブッダは、こうおっしゃっている」とか「ブッダは、こういう優れた方である」などと言ってはならない。出会った人が、あなた方の顔色、身の振る舞いに感心して、「あなたのお顔は、どうしてそんなに輝いているのですか？」

「あなたは、どうしてそんなに身の処し方が優れているのですか?」と訊《き》いてきたならば、初めて私の弟子であると言ってもいい。

ブッダの弟子たちは、このことばに忠実に振る舞いました。次の例が、それをよく物語っています。

友人と一緒にサンジャヤという先生に師事している一人の修行者がいた。ある日彼は、ラージャグリハの町で若い托鉢《たくはつ》僧を見かけ、その態度がたいへん立派だったので、強く心を動かされ、尋ねた。

「あなたは、たいへん態度がご立派で、顔色も輝いている。あなたは、いったい誰に師事しているのですか。誰の教えに従っているのですか」

托鉢僧は、

「私はブッダの弟子で、その教えに従っています」と答えた。

托鉢僧の名はアッサジといって、かつてブッダと一緒に苦行をした五人の一人であり、ブッダが「目覚め」を得たあと、最初の弟子となった「幸福五人組」の一人である。

修行者が、ブッダはどんなことをお教えになるのかと問うと、托鉢僧は「自分はまだ初心者で、ブッダの教えを語ることはできません」と断ったが、修行者のたっての願いに答えて、こう説いた。

「もろもろのことは因ありて生じる。
ブッダはその因を説きたまう。
もろもろのことの滅することについても
ブッダはまた同じように説きたまう」(3)

修行者は、このことばを聴き、ブッダの教えが優れたものであることを即座に理解した。そして、このことを友人に伝えようと、急いで帰った。戻ってきた彼を見かけた友人は、

「友よ、あなたの顔色は澄みわたっているが、何があったのか」

と訊いた。そこで修行者は町での托鉢僧との出会いを語った。それを聞いた友人も、ブッダの教えに感銘を受けた。そこで二人はブッダの許に一緒に赴いて、弟子入りした。

この修行者とその友人こそは、後にブッダの二大弟子と目されるようになったシャーリプトラとマウドガリヤーヤナです。

今しがた見ましたように、ブッダが、かつての苦行仲間五人を説得できたのは、「目覚め」の後の澄みわたった顔のおかげでした。そして今、その五人のうちの一人が、その顔色と態度で、新たに二人の弟子を得たわけです。けっして強制したのではなく、魅きよせるものがあったからです。

フランスの哲学者ジャン゠フランソワ・ルヴェル(一九二四―二〇〇六)は、息子であるチベット仏教僧マチウ・リカール(一九四六年生)との対話の中で、こう述べています。

「多くの宗教がみずから普遍的な広がりをもつと主張している。もちろん、キリスト教、とりわけカトリック教がそうだ。なにしろ、「カトリシズム」というのは、普遍的という意味のギリシャ語からきているのだから。それで、カトリックはしばしば、人々を無理やり改宗させる権利があると言い張る。イスラム教もまた、普遍的拡大、必要なら刀と銃の力でも、という傾向がある。というのは、これらの宗教では、信者になるには、最初にいくつかの教義を信じることを受け入れなければならない。仏教の場合はそうではない。仏教に普遍的役割があるとしても、自分の生まれた文化とは別の文化に広がっていくさい、どんな形でも、新しい信徒から見て信仰への服従とか、ましてや強制を要求することがない」(菊地昌実・高砂伸邦・高橋百代訳)

二千五百年余にわたる歴史を通じて、仏教の各地への伝播は、キリスト教、イスラム教などの宣教活動に比べれば、消極的であったと言えますし、けっして排他的で、強制的ではありませんでした。

ダライ・ラマ十四世はこう述べています。

「私が西洋にきたのは、もうひとりあるいは二人の仏教徒を増やすためにではなく、ただ、仏教が何世紀にもわたって深めてきた知恵にかんする、私の体験を分かち合うためです」

そして講演の最後にはこう付け加えています。

「もしも皆さんが、私がお話してきたことのなかに、何か有益なことを見つけたら、それを利用してください。さもなければ、忘れてください！」

何という謙虚さでしょう。

マチウ・リカールは、

「仏教には征服者の立場はなく、むしろ、一種の精神的輝きで働きかけます。（中略）仏教がチベットや中国で花開いた、その状況を見ると、（中略）偉大な賢者がその国のなかを旅すると、花の蜜が蜜蜂を引き寄せるように、彼らの輝きが自然に弟子たちを引き寄せたのです」（傍点は著者による）

と述べていますが、核心を突いているでしょう。

（3）これは縁起の因果律（三章一一八頁以下）の核心を簡潔に述べたものです。

以上で仏教が、苦を超越し、人としての幸せを追求し、それを実現したブッダの教えであること、そしてそれが時代、文化、地理背景を問わず、誰にでも開かれたものであることが理解していただけたことと思います。

日本で長い間「仏陀」「お釈迦様」の教えとして僧侶から説法されてきた、苦、無常、死だけが前面に出てくる「そもそも生きることは苦である」という印象を与える仏教と、この章「仏教徒は幸せ」から窺えるブッダの、そして彼の弟子たちの幸福な仏教との間には、同じ人の教えに基づくものとはとても思えないほどの隔たりがあります。

本書の主目的はこれで果たすことができたと言えますが、続いて二章では、ブッダの生涯を概観することにします。そして三章では、ブッダが「目覚め」た人として幸せに生きた道筋の思想的・論理的基盤をもう少し深く考察することにします。これを読んでいただくことで、本章で述べました、ブッダ流の幸せな生き方の理解を深めていただけるでしょう。そして最後の四章と終章では、仏教徒としての生き方と、現代社会と仏教との関係を考えてみることにします。

二章　ブッダの生涯

誕生

ブッダが生きた紀元前五世紀頃(4)のインドでは、すでに牧畜と農耕に基づく階層化された社会が成立し、ガンジス川中流域では都市化も進行しており、商業・交易活動も盛んでした。そしてマガダ国とコーサラ国を筆頭とする十六大国(図3)がありました。強国コーサラ国の北東に位置し、それに隷属していた国の一つにシャーキャ(サキャ、漢訳では釈迦《しゃか》と音写)国がありました。その領域は、現在のインドのウッタル・プラデーシュ州とビハール州が接する地域の北部で、現在のネパール領にもまたがっていました。シャーキャ国を構成する人種ははっきりとはわかりませんが、西北方面からインドに侵入し、当時の北インド全域を支配していたアーリヤ人系ではなく、先住種族の一つであったと思われます。

ブッダはこの国の王シュッドーダナと王妃マーヤー(5)の間に、首都カピラヴァスツに近いルンビニーで紀元前四八五年頃(6)に生まれました(図4)。姓はゴータマ(もっとも優れた牛)で、名はシッダールタ(目的を成就した〔するであろう〕者)といいました。生まれてから七日にして不幸にも母マーヤーは亡くなり、母の妹で、シッダールタからすると叔母にあたるマハープラジャーパ

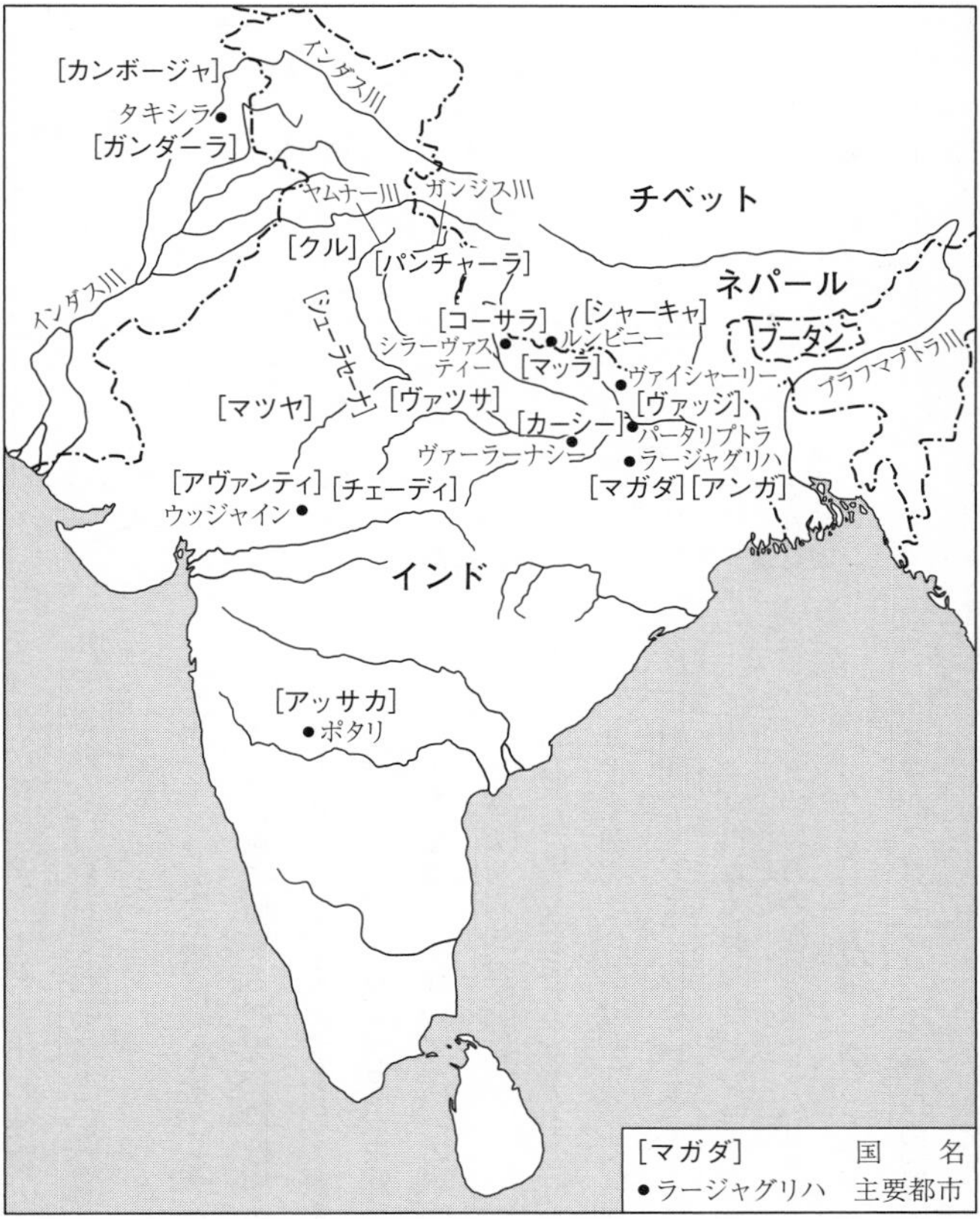
[カンボージャ]
タキシラ
[ガンダーラ]
インダス川
ヤムナー川
ガンジス川
チベット
[クル]
[パンチャーラ]
インダス川
ネパール
[シューラセーナ]
[コーサラ]
[シャーキャ]
ルンビニー
ブータン
シラーヴァスティー
[マッラ]
ヴァイシャーリー
ブラフマプトラ川
[マツヤ]
[ヴァツサ]
[ヴァッジ]
[カーシー]
パータリプトラ
ヴァーラーナシー
ラージャグリハ
[アヴァンティ]
[チェーディ]
[マガダ]
[アンガ]
ウッジャイン
インド
[アッサカ]
ポタリ
[マガダ] 国名
● ラージャグリハ 主要都市

図3　ブッダ当時の十六大国(とシャーキャ国)

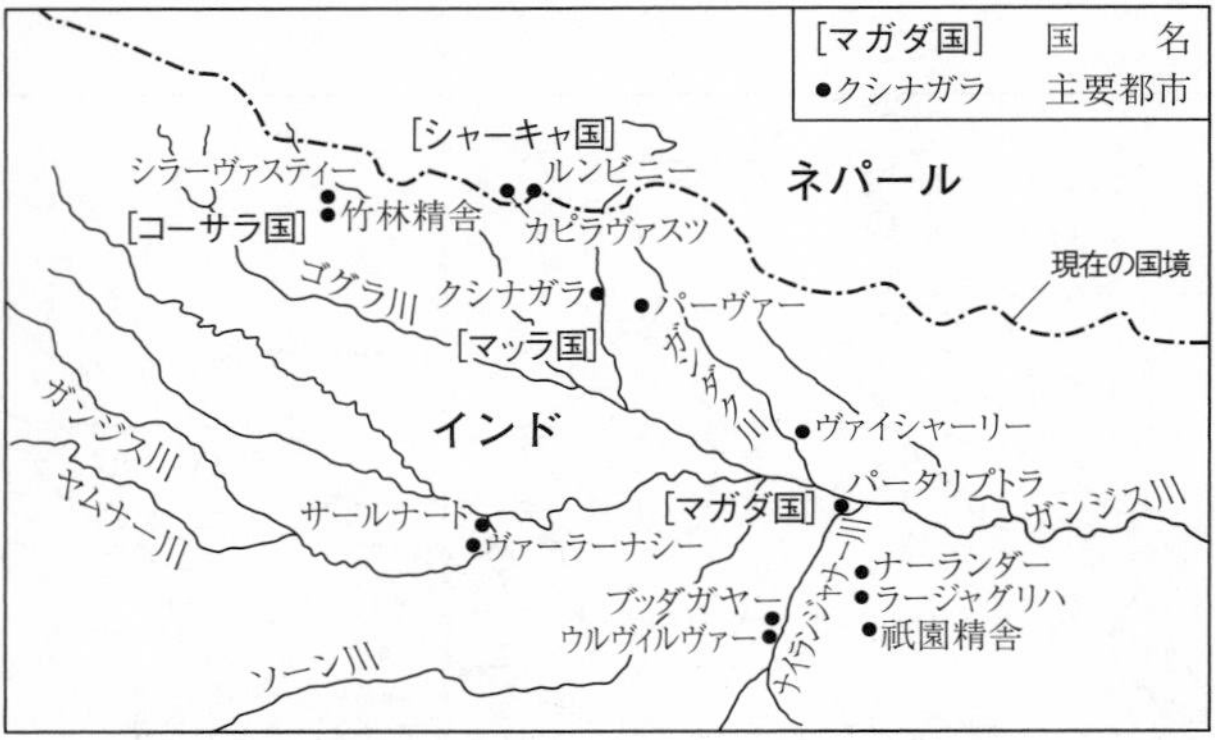

図４　ブッダ関連の主要地,『岩波仏教辞典　第二版』表見返「釈尊ゆかりの地」に基づく.

ティーがシュッドーダナ王の後妻となり、シッダールタは彼女に養育されることになりました[7]。

(4) インド史全般に言えることですが、ブッダに関する信頼に値する歴史資料は極めて少なく、その生没年に関しても諸説あって決定できないのが現状です。ですからブッダの生涯についても、ごくわずかな事蹟を除いては、伝説的な色彩が強いと言わざるを得ません。

(5) 彼女はシュッドーダナ王の母方の従姉妹《いとこ》にあたりますが、これは母系社会では理想的とされる婚姻関係で、よくあることです。後述しますように、ブッダ自身が娶ったヤショーダラーも同様に、ブッダの母方の従姉妹にあたります。

(6) ブッダの生没年に関してはさまざまな説がありますが、ゴンブリッチ教授の説に従いました。

（7）妻が亡くなった後、その姉妹を後妻に迎えたことになりますが、これもよくある形態です。

青春期

若い王子は、王宮のなかで何一つ不自由なく、恵まれた生活を営みました。後に自分の生活を回顧して、ブッダはこう述べています。

弟子たちよ、出家以前の私は、大変幸福な生活を送っていた。私の生まれた家には池があり、美しい蓮の花が咲いていた。部屋にはいつも栴檀《せんだん》のかぐわしい香りが漂い、着るものはすべて最上の布でできていた。

私はそういう境遇にあった。

ところが、シッダールタは、生後すぐに母を亡くしたがゆえの寂しさからくる憂鬱《ゆううつ》もあったのでしょうか、多感で、内省的で、思弁的な性向でした。彼はある時こう気付きました。

人は老人を見ると忌み嫌うのに、自らが老いる身であり、老いを逃れる術がないのを忘れて日々を送っている。「私も同様に老いる身である」と思った瞬間、青春の驕りは消え失せた。

人は病人を見ると忌み嫌うのに、自らが病む身であり、病いを逃れる術がないのを忘れて日々を送っている。「私も同様に病む身である」と思った瞬間、青春の驕りは消え失せた。

人は死人を見ると忌み嫌うのに、自らも死ぬ身であり、死を逃れる術がないのを忘れて日々を送っている。「私も同様に死ぬ身である」と思った瞬間、青春の驕りは消え失せた。

私はそれに気付いたとき、歳なお若くして、髪は漆黒であった青春のさなかにありながら、若さ、健康、生命力の驕りは消え失せた。


一般に人は青春時代には、老病死といった苦しみは、他人事であり自分には関わりないと思っていて、健康、生命力を謳歌するのが普通です。そして、青春期が過ぎてはじめて、老いることなく、いつまでも若くありたい、病気になると、健康でありたい、そして究極的には死なないようにと願います。

病気に関しては、薬とか医者とは無縁で一生を過ごせる例外的に恵まれた人もいます。しかし大半の人は、時としては生まれつき、あるいは若くして、そして老いるに従ってなおさら、さまざまな病いに苦しまなければなりません。

老いに関しては、チベットの格言に、

「人は長寿を願いつつ、老いを恐れる。
老いを恐れつつ、長寿を望む。
これは愚かな人の感情である」

とあります。長寿と老いは同じことを異なることばで表しただけで、長寿であれば老いは当然で、老いれば必然的に長寿です。これは一つのことがらの両面で、一方の面だけを願い、他方の面を避けたいというのはまったくの自家撞着で、長寿でありながら老いていない、または老いていながら長寿ではないということは不可能です。それでもそう願うのは、人間の素直な気持ちであることも事実です。

死にいたっては、それを願う人は誰もいませんが、人間は死すべき運命にある以上、誰一人としてそれを免れません。死は誰にとっても望ましいものではなく、怖いもので、これは古今東西を問いません。

こうしたことを考えると、ブッダの若き日の回想には、生々しい現実感があります。いずれにせよ、シッダールタは何一つ不自由することのない恵まれた境遇にありながら、こうした思いを抱きつつ青春時代を過ごしました。

結　婚

シッダールタ王子には、シャーキャ王国の王子として王統継承という重要な責務がありました。そこで当時の習慣に従い、十六歳という若さで、従姉妹にあたるヤショーダラーを娶ることになりました。それからシッダールタが二十歳代後半になって、一人息子ラーフラ(8)が誕生しました。これで彼は、当時のバラモン社会での王子としての最重要責務――すなわち王位継承者を儲けること――を果たしたことになります。こうして自らは王位を継がなくても、王統の存続は保証されることになり、自由の身になりました(9)。そこで、長年の懸案であった人間存在に内在する老病死という不可避な苦しみを超越する道を見出そうと決心し、二十九歳で王宮を後にして出家修行者となりました。

（8）漢訳仏典・日本語では羅睺羅《らごら》と音写。
（9）もっともシュッドーダナ王には、後妻のマハープラジャーパティーとの間にナンダという、ブッダの異母弟がいましたから、王統が絶えるという心配はありませんでした。これが、シッダールタが王位継承をせずに、出家修行者となることを可能にした理由の一つでしょう。

出　家

当時のインドは、ヴェーダ聖典に基づくバラモン教が支配的でした。普通の人は司祭階級であるバラモンに祭祀を依頼し、それに対する報酬を払い、この世の苦しみからの解放、できれば死後天界に神として生まれることを願うしかありませんでした。また哲学的には、宇宙を支配する原理であるブラフマン（梵）と個人的主体であるアートマン（我）が同一であることを知ること（梵我《ぼんが》一如《いちにょ》）により、永遠の至福に到達しようとする思想が主流でした。

しかし、それには満足できないさまざまな思想家、修行者が各地で活発に活動しており、中国の戦国時代（紀元前五世紀―紀元前三世紀）の諸子百家の様相に似た状態でした。仏典には「六《ろく》師外道《しげどう》」と総称されている唯物論者、倫理否定論者、宿命論者、懐疑論者、不可知論者、ジャイナ教の改革者であるマハーヴィーラなど、(10) 実にさまざまで多様な見解を唱える人たちが林立していました。シッダールタも、伝統的な既成バラモン教では、自らが長年懸案としていた問題に対する答えが見つけ出せないと考え、自分自身で解決しようと新たな道を歩み出した一人で、バラモン教から見れば、「異端者」でした。今日から見ると、出家というのは、極端な選択ですが、当時のインドでは一般的な求道形態でした。

（10）従来マハーヴィーラは、ジャイナ教の開祖とされてきましたが、最近では、彼は以前から存在していたニガンタ派とよばれる宗教伝統の第二十四祖で、改革者・中興の祖であったことがわかっています。彼の生没年は確定できず諸説ありますが、ブッダと同時代であったことは確かです。

マガダ国王ビンビサーラとの出会い

出家からほどなくして、シッダールタがマガダ国の首都ラージャグリハを托鉢して歩いていたとき、ビンビサーラ国王はその姿がうるわしく、普通の修行者ではないことに気付き、近づいてこう語りました。

「なんじは未だ歳若くして、人生の青春を享受する若者である。容姿も端麗で、由緒あるクシャトリヤ[11]であろう。象の群を先頭とする精鋭な軍隊の長として、私に仕えるがいい」

と仕官を勧めました。それに対して、シッダールタは、

「私はシャーキャ氏族の出身です。私は欲望を叶えるために出家したのではありません。

諸々の欲望には患いがあり、出家は安穏であると見て
努め励むために出家したのです」
ときっぱり断りました。ビンビサーラ国王からすれば、シッダールタのような王子が、恵まれた境遇を捨てて出家して、「異端者」の道を歩む必要はないのではないかと思い、引き留めようとしたのでしょう。

(11) インドのカースト制では、人間社会は、上から順にバラモン(司祭階級)、クシャトリヤ(王族、戦士階級)、ヴァイシャ(平民)、シュードラ(隷属民)の四層のヴァルナ(種姓)に分類されます。

瞑想と苦行

最初シッダールタは、瞑想によって解脱に至ることができると説き、多くの弟子を持っていたアーラーラ・カーラーマ[12]という高名な瞑想行者の許で瞑想に励みました。当時の瞑想は、心の働きを止め、感情も思考も停止する境地に至ることを目指していました。なぜなら、サムサーラ(=輪廻転生)[13]の直接の原因はカルマ(行為、業)にあり、そのカルマを引き起こすのは欲望であると考えられていたからです。そしてその欲望は感情や思考の産物ですから、それらを停止すれば、必然的に欲望もなくなり、結果としてサムサーラから解脱できると信じられていまし

た。シッダールタは、瞑想に向いた心的傾向を持ち合わせていましたから、師が教える瞑想によって到達できる高い境地にやすやすと達しました。しかし、シッダールタが求めていたものは得られませんでした。

そこで彼は、もう一人の高名な瞑想修行者であったウッダカ・ラーマプッタ師の許に赴きました。彼はアーラーラ・カーラーマとは異なった瞑想修行を実践し、最高の境地に達することができると説いていました。シッダールタはまたしても、師が説く境地に速やかに達しましたが、やはり求めていたものは得られませんでした。瞑想により、感情や思考が停止する境地に至れば、欲望が起こらなくなることは確かです。しかしこの境地は一時的なものに過ぎず、瞑想を止めれば、また元の状態に戻ってしまう点は、アーラーラ・カーラーマの教える瞑想修行と変わりありませんでした。

そこで彼は瞑想修行に見切りをつけて、苦行の道に入ることにしました。この苦行という修行が当時流行していたことは、ジャイナ教のマハーヴィーラも同地域で同じく苦行に励んでいたことからもわかります(14)。これは、極度に体を虐待し、禁欲で心を鍛えることにより、欲望を抑え込もうとするものでした。マガダ国内を南から北に流れてガンジス川に流入するナイランジャナー川左岸のウルヴィルヴァーの「苦行林」(タポーヴァナ)という場所がありましたので、彼はそこに赴き、遍歴途中で仲間となった五人とともに、止息《しそく》とか断食《だんじき》といった厳しい苦行に専念しました。止息は文字どおり息を止めることで、これをある程度続けると、苦しみを感じる心的要素を根絶できるとされました。ゴータマはこの修行を極限まで行ったために仮死状態に陥ったとされます。いずれにせよ止息によって欲望を著しく減少させることはできましたが、完全に消滅させることはできませんでした。

彼はまた断食修行にも熱心であったと伝えられます。彼の場合にはそれがいかに厳しく、肉体的に過酷であったかは、ガンダーラ仏の代表作である、ほとんど骨と皮だけになった釈迦苦行像(三―四世期。ラホール博物館所蔵、三九頁図1)を見れば一目瞭然です。

こうした瞑想や苦行は、ゴータマが求めていた苦の消滅をもたらしてはくれませんでした。そこで彼は、五人の仲間からは「ゴータマは堕落した」と思われながらも、苦行に見切りをつけました。

ブッダは六年(七年という伝承もありますが、あしかけ七年の意味であって、矛盾はありません)のあいだマガダ国のあちこちで、さまざまな師の許で瞑想に励み、仲間と一緒に苦行に努めました。しかし結局のところ望んでいた満足は得られませんでした。

(12)この名前からすると、彼は、シャーキャ族と同じように、コーサラ国に従属していた種族出身と思われます。カーラーマ族の居住地は、パータリプトラの西方の、ガンジス川左岸に位置していました。

(13) これも当時のインドでは絶対視されていましたが、ブッダ自身はおそらく認めておらず、当時の人々に自分の新たな考えを説明するのに、便宜上それを前提にしただけだと思われます。この点については、三章でさらに明らかになるでしょう。

(14) ジャイナ教では、断食により欲望をなくし、死に至ること(サッレーカナー)が理想とされました。

目覚め

それゆえに彼は既存の瞑想、苦行を捨て、自らの道を歩み始めました。「苦行林」からナイランジャナー川を少し北に下った河畔で、牛飼いの娘スジャーターが捧げた滋養分の高い乳粥《ちちかゆ》を摂《と》り、苦行で衰弱しきった身体を洗い清めてリフレッシュし、体力と気力を取り戻しました。

このときシッダールタは、快楽の追求に明け暮れる世俗生活と、その対極である死の寸前に至るまで身体を苛《さいな》む瞑想・苦行生活との両極端を離れた道こそが歩むべき道である、とはっきり自覚しました。これがのちに中道《ちゅうどう》(三章九五頁以下)と呼ばれる仏教修行の基本的立場となるものです。そしてこれを確信したとき、従来の瞑想・苦行ではない、確実に苦の消滅に至る道をいまだ完全に体系化できてはいなくても、直感的に自覚していたことでしょう。それから五週間ほどの間、自分が発見した真理を徹底的に吟味し、考察し抜きました。ただし、従来の瞑想によるのではなく、彼自身が考案したヴィパッサナー（三章一六三頁以下）によって、ものごとのありのままの姿を注意深く洞察し、ものごとの本質を透視しました。そしてある晩一本の大きなピーパル樹（サンスクリット語名はアシュヴァッタ。ラテン名は *Ficus religiosa*）[15]の下で瞑想し、三十五歳にしてついにものごとのありのままの姿を正しく理解し、長年求めていた人間存在に内在する普遍的苦しみを乗り越える道を確立したのです。その出発点は一言で言えば、

「すべてのことがらは、原因があって生ずる。
　すべてのことがらは、その原因がなくなることによりなくなる」

という、一種の因果関係で単純明瞭なものです。彼はこの基本の上に人間の苦しみをなくすための一貫性のある実践体系を打ち立てていくことになります。こうして彼は「ブッダ（目覚めた人）」[16]と呼ばれるようになり、この地はブッダガヤー（ボードガヤーともいわれます。現在のビハール州ガヤーの南約十キロメートル）「目覚めの地」として知られるようになり、彼がその根本《ねもと》で「目覚め」た木は菩提樹《ぼだいじゅ》すなわち「目覚めの木」として知られるようになりました。

　この先三章で詳しく述べますが、この因果関係の原理を苦に当てはめれば、苦の根本的な原

因は生存欲（さらにはその奥にある無知）であり、それをあるがままに正しく理解して、それをなくせば、苦は自動的、必然的に消滅するわけです。

ここで二つのことに留意しておきたいと思います。

一つは、ブッダの「目覚め」とは、キリスト教でイエスが、イスラム教でムハンマドが超人的神から受けたような啓示ではないということです。ブッダはものごとを徹底的に観察・分析し、ものごとの本質について自分の力で考え抜いた人です。ものごとの本質について考え抜くというのは如理作意《にょりさい》（ヨーニソー・マナシカーラ）と呼ばれる考察方法で、その結果得られるものは、如実知見《にょじつちけん》（ヤターブータ・ダッサナ）として知られています。

もう一つは、ブッダとは「目覚めた人」という意味の普通名詞であり、イエスやムハンマドといった場合のように、ある特定の歴史上の人物のみを指す固有名詞ではないということです。本書で問題にしているブッダは紀元前五世紀にインドに現れた一人の歴史上の人物です。ですから、他にも数多くいるブッダと区別し、厳密に彼を特定するのには、その氏族名あるいは姓を冠してシャーキャ・ブッダ（日本語では釈迦仏、あるいは「シャーキャ族出身の聖者」という意味の釈迦牟尼《しゃかむに》）、あるいはゴータマ（瞿曇《くどん》）・ブッダと呼ばなくてはなりません。しかし煩雑さを避けるために本書では、本来は普通名詞であるブッダということばでもって歴史上の特定の人物を指すことにします。いずれにせよ、誰でも、ものごとのありのままの姿に目覚め、理解すればブッダとなるのであり、ブッダの教え、すなわち仏教とは、すべての人がブッダとなるための万人に開かれた「目覚め」への道です。

「仏教」という用語の意味に関して、伝統的に三つの解釈があります。それは、

(一)ブッダが教えたこと
(二)ブッダとは何かということ
(三)ブッダになる道

の三つです。このうち最初の二つに関しては、かならずしも仏教固有ではなく、特殊なことではありません。例えば、(一)イエスが教えたこと、(二)イエスとは何かは、キリスト教にも当てはまります。しかし(三)に関しては、キリスト教徒がイエスになる道というのは絶対にあり得ません。これはまさに仏教固有なことで、ここに仏教の本質的特徴があります。繰り返しますが、ブッダは固有名詞ではなく、ものごとのありのままの姿に目覚めれば誰でもブッダであり、仏教とはすべての人がブッダとなるための「目覚め」への道です。

(15) シューベルトの有名な歌曲「菩提樹」の菩提樹は同名異種で、セイヨウシナノキ(ラテン名は *Tilia × europaea*)です。

(16)「ブッダ(*buddha* 目覚めた人)」とは、サンスクリット語の自動詞語幹 *budh*(目覚める)の名詞形で、もう一つの名詞形が「ボーディ(*bodhi* 目覚め)」です。ここから派生したのが「ボーディ・サットヴァ(*bodhi-sattva* 目覚めを目指す者)」すなわち菩薩です。サンスクリット語では、語幹である *budh* と、*buddha, bodhi, bodhi-sattva* が関連していることが一目瞭然ですが、日本語ではこうした用語が意訳されたり音写されたりして「目覚める」「仏陀」「菩提」「菩薩」となっていますから、本来一つの語根から派生した四つの用語間の相互関連性がまったく見当がつきません。この辺りにも、仏典が漢文のままで、日本語に訳されてこなかったことの弊害が見られます。

説法の躊躇《ちゅうちょ》と決意

「目覚め」の後、ブッダはしばらくのあいだは解脱の喜びを味わっており、当初は自らの「目覚め」の内容を人に説くことをためらいました。仏典には、次のように記されています。

　苦労して私が目覚めたことを
今他人《ひと》に説く必要があるだろうか。
貪《むさぼ》りと憎しみにとりつかれている人々にとって

この理《ことわり》は深淵で、見がたく、理解するのは容易ではない。

これは微妙であり、世の一般の流れに逆らったものである。

「これがあるとき、かれが成立し、これがないとき、かれは消滅する(因果、縁起)」という理はわかりにくい。

深淵で、微妙なこの理は、欲を貪り、執着に浸《ひた》り、暗闇に覆われた人々には理解することはできないだろう。

もしも他人《ひと》が、私のいうことを理解してくれなければ、私にとっては徒労に終わるだけである。


ブッダ自身、みずからが理解したこと――縁起《えんぎ》というものごとのあり方を貫く一種の因果律――の独自性、独創性を誰にもましてわかっていました。それは当時のインドの思想界の常識とは相容《あいい》れないがゆえに、当時の人々にはとうてい理解してもらえないだろうことも十分に自覚していました。

しかしながらブッダは、世の中には資質の優れた人もいて、彼が体験したことを理解してくれる者もいるだろうと思い直しました。これはまさに一大転換で、伝説ではこれはバラモン教の最高神であるブラフマー神の懇請《こんせい》によるものとされています(17)。いずれにせよブッダはためらいを克服し、生きとし生けるものへの慈しみから自らの「目覚め」の内容を説く、すなわち共有することを決心しました。テーラワーダ仏教研究の権威であるリチャード・ゴンブリッチ教授(一九三七年生)は、ブッダのこの決意は、老病死の苦しみの只中にいるすべての人々への慈悲の発露《はつろ》であると述べています。この慈しみこそが仏教の始まりです。

(17) バラモン教の最高神であるブラフマー神の懇請ということは、ブッダの優位を示すもので、仏教徒側の巧みな脚色だろうと思われます。

最初の説法――初転法輪《しょてんぼうりん》

こうして説法を決意したときに、ブッダが最初に思いついたのは、かつての自らの修行の師であるアーラーラ・カーラーマとウッダカ・ラーマプッタでした。彼らなら自らの「目覚め」の内容を理解してくれるだろうと思い、彼らを探しましたが、彼らはもはやこの世の人ではなくなっていました。

その次には一章でみたように、かつて苦行を共にした五人の仲間ならばと思い、ヴァーラーナシー(現在のベナレス)郊外のムリガダーヴァ(鹿野苑《ろくやおん》(18))に赴き、彼らを見つけました。しかしかつての仲間たちは、シッダールタは苦行を捨て、堕落した者と見なしていましたから、無視しようと申し合わせていました。ところが久しぶりに現れた、いまや「目覚めた人(ブッダ)」となった彼の威厳に打たれ、その教えを聴くことにしました。ブッダは、次のように問いかけました。

「苦行者たちよ、なんじらは以前に、私がこのように輝いているのを見たことがあるか?」

五人は異口同音にブッダの輝きを認めざるを得ませんでした。そこでブッダは、

「私は苦行を捨てたのでもなく、安逸に赴いたのでもない。苦行を行うことは、苦痛で、価値がなく、得るところがない。感覚的快楽に喜びを見出すことは、卑俗で、あさましく、得るところがない」

と述べて、苦に偏《かたよ》らず楽に陥ることなく、苦楽中道《くらくちゅうどう》――三章(九五頁以下)で説明しますが、これは仏教の基本的態度です――の道を歩んだ末に到達できた境地を説明することにしました。

これはブッダ自身が実践・経験したことですから説得力がありました。ブッダは経験論者で、生涯を通じてすべて自分で経験したことだけを話す人であり、思弁的、形而上学的なことがらはいっさい問題にしませんでした。

このときブッダが説いた内容は、伝承によりさまざまで一致しませんが、縁起、四聖諦《ししょうたい》とい

った、のちの仏教の中心的な教えであったことは確かです。これらは、この先三章で個別に見ていくことにします。

五人のうちでもっとも聡明であったコンダンニャがブッダの教えを最初に理解しましたが、このときブッダは、

「コンダンニャは理解した！　コンダンニャは理解した！」

と、歓喜したと伝えられています。

コンダンニャはブッダの許で出家し、受戒したいと申し出ました。それに対してブッダは、

「来たれ！　教えはよく説かれた。苦の消滅のために、正しく修行せよ」

と答え、コンダンニャが「ブッダの教えに従って目覚めた人」(ブッダ・アヌブッダ)の最初となりました。ここで改めて注目しておきたいのは、コンダンニャはゴータマ・ブッダが「目覚めた」レベルに達したが故に、同じくブッダ、「目覚めた人」と呼ばれるようになったということです。今し方説明しましたように、ブッダは特定の一個人を指す固有名詞ではなく、「目覚めた人」すべてに当てはめられることばで、初期の仏典には、のちにブッダの高弟となるマハーカッサパ(漢訳ではマハーは意訳して「大」、カッサパは音写して「迦葉《かしょう》」で大迦葉)とかシャーリプトラといった者たちも「ブッダ」と呼ばれている例がいくつもあります。また仏教に限らず、

バラモン教でもジャイナ教でも、真理を悟った人をブッダと呼ぶことは、普通のことでした。しかしながら、シャーキャ・ブッダに対しては、徐々に「ブッダたちの中でもっともすぐれた方」（ブッダセータ）という呼称が用いられることになり、他のブッダとは区別されるようになりました。こうしてブッダは最初は普通名詞でしたが、徐々に固有名詞化されることになりました。それと並行して、それまではブッダと呼ばれていた偉大な弟子たちは「アラハン」（尊敬に値する人。漢訳では阿羅漢《あらかん》と音写）など別の呼称で呼ばれるようになりました。

いずれにせよ、コンダンニャに続いて、他の四人もブッダが説いたことを理解し、弟子となりました。最初にブッダの弟子となったこの五人は、しばしば「幸福五人組」と呼ばれました。これが「初転法輪」と呼ばれるブッダの最初の説法であり、ブッダの教えを理解し、それに従う弟子たち、すなわちサンガ（漢訳では僧伽《そうぎゃ》と音写）という集団が形成されました。これで、ブッダ（仏）、その教え（ダルマ、法）、そしてその教えを実践する出家修行者（ビク。「乞食《こつじき》する者」の意で、漢訳では比丘《びく》と音写）たちの集まり（サンガ、僧伽）[19]という三要素、すなわち仏法僧《ぶっぽうそう》の三宝《さんぼう》が揃い、仏教が誕生しました。

（18）リシ・パタナ（「聖仙の住むところ」の意）とも呼ばれます。ヴァーラーナシー（現在のベナレス）の北東約七キロメートルにあり、現在のサールナート。

(19) 僧は、僧伽の最初の一文字をとった短縮形で、本来は僧侶の共同体を指すことばですが、日本では一人ひとりの僧侶を指すようになりました。

教化活動

その日からブッダは、ガンジス川中流域を中心に、ありとあらゆる人たち――王から農民、バラモンから賤民、金持ちから物乞い、聖職者から盗賊――に、いっさいの分け隔てなく説き続けました。しかし、ブッダは自分の方から不特定多数の聴衆に向かって、「辻説法」的に体系立てた教義を説いたわけではありません。ブッダは、一人ひとりの人間が実生活で迷い、苦しみ、悲しみ、自らが直面している具体的な問題に関して相談に来たとき、それに応える形でその問題への具体的な対処法、解決策を提案したのでした。これがいわゆる「対機説法《たいきせっぽう》」とよばれるケースバイケースの対面応答形式で、相手の心にぴったりと呼応するものでした。現代的な表現を用いれば、マンツーマン的なカウンセリングともいえるでしょう。ブッダは、あらゆるものごとのありのままの姿に「目覚めた人」であっただけに、個々の状況、問題の分析は的を射たものであり、当然のこととしてその助言、解決策は非常な説得力があり、有効なものでした。しかしながら、四十五年の長きにわたって授けられた助言、提案は、ブッダ自身によって体系的にまとめられることはありませんでした。かといってブッダの教えは場当たり的で一貫性に欠けるかというとけっしてそうではなく、個々のことば、教えはダルマ(法)と呼ばれる理《ことわり》に貫かれたものでした。そしてブッダのことばは彼が亡くなってから弟子たちによって編纂され、大蔵経《だいぞうきょう》(あるいは三蔵経《さんぞうきょう》)という一大仏教叢書を構築することになったのです。

仏教の発展

ブッダはマガダ国で精力的に教えを広めました。しかし当時のインドはほぼ全員がバラモン教徒であったため、最初はブッダのまったく新しい教えに耳を傾ける人はいませんでした。そうした中で、次にブッダの出家弟子になったのは、ヴァーラーナシーの富裕層の息子ヤサでした。これで世にブッダも含めて七人の仏教僧が存在することになりました。ヤサの父は出家した息子をブッダから取り戻そうとしましたが、逆にブッダに感銘し、ブッダの教えに従いつつ出家僧団に奉仕する信者(ウパーサカ。漢訳では優婆塞《うばそく》と音写)となりました。その後、ブッダを家に招いたヤサの母と、ヤサの元の妻も三宝に帰依し、この二人が最初のウパーシカー(20)(漢訳では優婆夷《うばい》と音写。女性在家信者)となりました。これで、出家者と、それに奉仕する在家集団とが出来上がりました。その後ヤサの友人五十人程も出家し、出家僧団は大きくなった、と伝えられています。しかしながら、まだまだ小さなサークルで、新興宗教と呼べるような規模ではありませんでした。

ここで仏教の発展にとっての一大事件が起こります。マガダ国には、ウルヴェーラ・カッサパとその二人の弟を長とする、火を崇める儀礼を特徴とする大きな教団がありました。ブッダはその長ウルヴェーラ・カッサパとの問答の末、彼を仏教に改宗することに成功しました。続いて彼の二人の弟と、それまでカッサパ三兄弟の弟子であった者も集団改宗しましたから、仏教教団は一挙に千人を超える規模になりました。これはブッダの大成功で、当時のインドにおける一大出来事でした。

(20) この時点では、まだ女性出家者(ビクシュニー。漢訳では比丘尼《びくに》と音写)が認められていませんでした。ブッダが女性出家者を認めたのはずっと後になってからで、その第一号はブッダの実母亡き後、その妹でブッダの養母となったマハープラジャーパティーでした。

すべては燃えている(火の説法)

カッサパ三兄弟を師と仰ぐ大きな教団を仏教に改宗してから、ブッダは新しく弟子になった者たちをガヤーの近くのガヤー・シーサ山(漢訳では象頭山《ぞうずせん》)に集め、夕方になり下方の町々に火が灯るのを指して、次のような説法をしました。これは、イエスにとっての「山上の垂訓」にも相当する重要なもので、「火の説法」と呼び習わされています。少し長くなりますが、この偈《げ》の中にはブッダの考えの中心となるものが説かれていますので、全文を掲載します。

火が燃えている。すべてのものが燃えている。
あの町の火のように、私たちの心のうちにある煩悩《ぼんのう》の火が燃え盛ってやまない。
心の内に燃える貪欲《とんよく》の火を見よ。
貪欲の火に心を焼かれる人びとは、苦しみの日々を送って休むことがない。
心の内に燃える怒り(瞋恚《しんい》)の火を見よ。
怒りの火に心を焼かれる人びとは、心波立ち安らぐことがない。
心の内に燃える愚癡《ぐち》の火を見よ。
愚癡の火に心を焼かれる人びとは、不平不満の思いで心が静まることがない。
その火を消せ。火を尊んではいけない。
火は心に燃え盛る煩悩であり、目覚めの縁《よすが》ではない。
苦悩の原因は、この燃え盛る煩悩の火にある。

一切の束縛を離れ、理想の境地に達するために、その火を吹き消すのだ。

心に燃え盛る煩悩の火を消すのだ。

その火を吹き消すことで、大いなる安らぎと清浄の境地が得られるだろう。

これからは私に従って、正しい教えに基づいて修行を完成させよ。


この偈の中の「貪欲」「怒り」「愚癡」は仏教教理では「三毒」(三章一三〇頁以下で詳述)と称されるサムサーラ(輪廻転生)の原動力であり、それを消滅するのが仏教の主目的です。

ビンビサーラ王の帰依と竹林精舎の寄進

これを聞きつけたマガダ国王ビンビサーラは、ブッダが弟子たちを従えて国内に到着すると、ブッダの許に馳せ参じ帰依しました。そして、

「ここは都邑《とゆう》からも遠からず、近からず、人里を離れて静かで、瞑想に適している。私は竹林園を、ブッダを長とする修行者の集まりに寄進しよう」

と宣明して、首都ラージャグリハ郊外の竹林園をブッダに寄進しました。これが竹林精舎(ヴェーヌヴァナ・カランダカニヴァーパ)と呼ばれるようになったもので、仏教最初の僧院と言って

もいいでしょう。精舎といっても、当時は雨露《あめつゆ》をしのぐに足る程度の質素な建物が数棟あっただけのものだったでしょう。当時の修行者たちは住まいを定めず遊行し、たえず移動しており、大樹の下とか洞窟などで雨宿りをする生活をしていました。そんな中で竹林精舎の寄進はこの上なく貴重なものでした。ことに、一カ月以上に及ぶ雨季の間は遊行を控えざるを得なかった彼らにとっては極めて有益でした(21)。ブッダを長とする修行者一団にとっては革新的なことでしたし、何よりもその後の仏教の発展にとっては非常に重要なものでした。

そして、それ以上に画期的であったのは、多くの弟子たちがブッダを取り巻いて長い雨季の間、生活を共にできるようになったことです。ブッダは、大勢の弟子たちに教えを授ける機会が今まで以上に多くなりましたし、弟子たちも集中的にブッダの教えを受け、疑問点を質《ただ》すことができるようになりました。

時系列的にはずっと後になりますが、ここで竹林精舎と並ぶもう一つの著名な精舎である祇《ぎ》園精舎《おんしょうじゃ》に触れておきましょう。マガダ国と並ぶ強国であったコーサラ国の首都シラーヴァスティー（漢訳では舎衛城《しゃえじょう》）に、ジェータ（祇陀《ぎだ》と音写）王子が所有していた園林がありました。それをスダッタ（須達《しゅだつ》と音写）と呼ばれる資産家が買い取って、ブッダの教団に寄進しました。そこで、かつての所有者であるジェータ王子の名にちなんで、ジェータヴァナ（「祇《ぎ》（陀）林《りん》」「祇《ぎ》（陀）園《おん》」(22)）な

ど と呼ばれましたが、漢訳では祇園精舎《ぎおんしょうじゃ》に落ち着きました。

「祇園精舎の鐘の声(23)、諸行無常《しょぎょうむじょう》の響きあり。娑羅双樹《さらそうじゅ》の花の色、盛者必衰《じょうしゃひっすい》の理をあらはす。奢《おご》れる人も久しからず、唯《ただ》春の夜の夢のごとし。たけき者も遂《つい》にはほろびぬ、偏《ひとえ》に風の前の塵《ちり》に同じ」

で始まる『平家物語』(十三世紀)冒頭の有名な祇園精舎で、日本人にも馴染みが深いものです。

(21) この風習は、期間の長さとか作法は変わりましたが、雨安居《うあんご》あるいは夏安居《げあんご》として現在まで続いています。

(22) これが京都を代表する歓楽街の名前の由来です。この名前が付けられた理由・経過は別として、インド仏教の精神的世界と日本の歓楽的世界に同一の名前が付いているというのは、皮肉にもインドの精神性と日本の歓楽性(浮世)の対照性を端的に表して余りあるかと思えます。

(23) 実際のインドの精舎には鐘はありませんでした。ですから、これは中国・日本で伽藍《がらん》に鐘が設けられるようになってからのことです。ことに日本では「除夜の鐘」などが、仏教とは切っても切れないものとなっていますが、インド由来のものではありません。

二大弟子の入信――シャーリプトラとマウドガリヤーヤナ

仏教教団の拡大も重要なことですが、ブッダ個人にとっては教団の要となる二大弟子を得たことは、それにも勝ることと言えるでしょう。彼らは、もともとはサンジャヤという二百五十人の弟子を持つバラモンの許で修行していました。彼らの入信の経緯は、一章（四二―四三頁）で述べましたが、彼らと共にサンジャヤの他の弟子たちも全員ブッダに弟子入りしました。

初期仏典の冒頭には、「ブッダは千二百五十人の弟子たちとともに逗留されていた」とよく記されています。これは、先に弟子入りしたカッサパ三兄弟の弟子千人とサンジャヤの弟子二百五十人とを合わせた数字に一致して、これが当時のブッダの出家弟子の数に近かったのではないでしょうか。

いずれにせよ、シャーリプトラは智慧第一、マウドガリヤーヤナは神通《じんずう》第一と称されるようになり、仏教教団の中心的存在として、その発展に大きく貢献しました。彼らはブッダよりも先に亡くなりましたが、ブッダが彼らの死を非常に悲しんだことは先に述べたとおりです。

バラモン教社会における革新的態度

ブッダは、在世当時から現在に至るまでのインド社会の基盤であるカースト制による社会階級や身分差別を認めませんでした。ですから仏教教団にはさまざまなカーストからの弟子もいましたが、出身階級とか身分による差別がない調和の取れた集団を形成していきました。このこと自体がインドの全歴史を通じてまさに画期的なことです。ブッダが生きたのはカースト制インドでしたから、ブッダは当時のインド人社会からは異端視され、けっして好意的には見られなかったことでしょう。

にもかかわらず、彼が説いた道は、聴く耳を持ち、理解し、実践しようという意志があれば、男であれ女であれ、若い人であれ年老いた人であれ、すべての人が歩むことができる普遍的なものでした。ですから、カーストを問わずさまざまな人々がブッダの教えに従うようになり、バラモン教、カースト制の枠組みから解放されるようになりました。そして彼の教えはインドを超えて、アジアの他の国々にも広まり、二千五百年近くに及んで現在まで生き続けています。これは、ブッダの教えがどの時代にあっても、どこの地域・国にあっても、生をよりよく全うしようとする者すべてにとっての普遍的指針であることの何よりの証明です。

また既に述べましたが、ブッダ当時のバラモン教教団は女人禁制でした。こうした中で、ブッダが女性出家者を認めたことは極めて注目されるべきことです。養母マハープラジャーパティーが出家を願い出たとき、ブッダは最初は躊躇しましたが、ついには条件付きでそれを認めました。こうして彼女が女性出家者(比丘尼)の第一号となり、それに続いてブッダの出家前の妃であったヤショーダラーも出家し、尼僧教団が設立され、発展していくことになりました。

晩　年

ブッダの生涯はけっして順風満帆であったわけではありません。ブッダ自身にとってこの上なく悲しかったであろう出来事は、ブッダ自身の母国のシャーキャ氏族がほぼ全滅させられたことでしょう。殺戮《さつりく》の主人公はコーサラ国の王子ヴィルーダカで、彼は父王プラセーナジットの王位を奪ってから、大軍を率いてシャーキャ王国のカピラヴァスツに攻め込み、シャーキャ族を壊滅させたと伝えられます。

こうしたさまざまな苦楽を経験し、ブッダは当時としては珍しく八十歳という高齢を迎えました。最後の雨季をヴァイシャーリーの近郊で過ごしてから、南流してパータリプトラあたりでガンジス川に流入するガンダク川に沿って北上し、故郷シャーキャ国方面に旅立ちました。この最後の旅路《たびじ》でブッダは、従兄弟であり付き人のアーナンダ（漢訳では阿難《あなん》〔陀《だ》〕と音写）にこう述べました。

「アーナンダよ、私はもう朽ち老い、老衰し、齢《よわい》は八十となった。アーナンダよ、例えば古びた牛車が革紐《かわひも》の助けによって、やっとのことで動いていくように、私の身体も革紐の助けによってもっているだけだ。
私は二十九歳で、「目覚め」を目指して出家した。
私は出家してから五十年余となった。
正しい理《ことわり》と真理の領域だけを歩んできた。
いま年老い、老衰し、耄碌《もうろく》し、
すでに人生の終わりに達し、我が齢は八十である。
この世界は美しいものであり、人間のいのちは甘美なものである」

ブッダの人生にはさまざまな悲しい出来事もありましたが、齢八十にして「この世界は美しいものであり、人間のいのちは甘美なものである」と述べたブッダは、人生をポジティブに生き、全うした人と言えるでしょう。唐突ですが、作詞作曲小椋佳による美空ひばりの「愛燦《さん》燦《さん》」を「命燦燦」と変えれば、これはまさにブッダ自身が自らの人生を歌ったものと言うことができるのではないでしょうか。運の悪さを怨んだり、哀しいことがありながらも、そして夢が思いどおりに実現しないこと（すなわち「苦」）があっても、人生は嬉しいものだと謳うこの歌は、苦しみや悲しみを乗り越えて歩んだブッダの人生の讃歌に他ならないでしょう。

最期

ブッダはガンダク川をさらに北上し、パーヴァー村に着いたとき、鍛冶工チュンダが差し出したキノコ料理の毒にあたって、激しい下痢をもよおしました。それでもなおクシナガラ(現在のウッタル・プラデーシュ州)に向かって旅を続けました。そして、

「我が齢は熟した。我が余命はいくばくもない。
なんじらを捨てて、私は行くであろう。
私はかつてこう説いたではないか。
すべての愛するもの、好むものからも離れ、
別々になるということを。
およそ生じ、存在し、つくられたものは、破壊されるべきものである」

と述べました。「今まで教えをお説きくださった師はもうおられなくなるのだ」と悲しみ嘆き、途方に暮れる弟子たちに、ブッダはこう語りかけました。

「そのように考えてはならない。
あなたがたのために私が説いた教えと、私が制定した規律とが、
私の亡き後、あなたがたの師となるのである。

自らを「目覚め」に至るよりどころとし(24)、他のものを頼りとしてはならない。
正しい教えを「目覚め」に至るよりどころとし、
他のものを頼りとしてはならない」

そして、

「およそありとあらゆるものは滅びゆくものである。

それ故に怠ることなく励み努めるがよい」

ということばを最後に、ブッダは八十年の長きにわたった、充足した幸せな生涯を終えました。

紀元前四〇五年頃のことでした。

イタリア・ルネサンス期の偉大な芸術家にして哲学者であったレオナルド・ダ・ヴィンチ(一四五二―一五一九)は、
「満ち足りた一日のあとには、安らかな眠りが訪れ
満ち足りた一生のあとには、安らかな死が訪れる」
と述べていますが、ブッダの一生は、まさに満ち足りたものであり、安らかな死でした。

(24) ここで「よりどころ」と訳したパーリ語ディーパは、「中洲」とも「灯明《とうみょう》」とも解釈されます。
それゆえに、漢訳仏典では「自灯明、法灯明」と言い習わされています。

葬儀

ブッダの葬儀に関しては伝説的なことが多くて真相はわかりませんが、自ら葬儀の形式も規定したと伝えられています。ブッダの死骸は新しい布で包まれ、さまざまな香木の薪で焼かれました。これが仏教の火葬の始まりです。遺骨は八分され、各地にそれを収めた仏舎利《ぶっしゃり》塔《とう》が建てられました。

ここで注意したいのは、葬儀は出家者たちではなく、在家の信者たちが執り仕切ったことです。ブッダは「出家者は葬儀に関わってはならない」と命じたと言われます。現代日本では「葬式仏教」と言われるように、葬儀は僧侶の特権的専業となっていることは、ブッダのことばに戻ると、改めて考えてみる必要があるのではないでしょうか。

いずれにせよ、さまざまな出来事に満ち、波瀾万丈とも言えるブッダの生涯は、それ自体非常に興味深く、さらに多く語りたいことがあります。しかしブッダの生涯自体が本書の主目的ではありませんので、残念ながらこれ以上紙幅を割くことはできません。ブッダは、

「聴く耳ある者たちに、不死への門は開かれた」

と述べましたが、現代の文脈では、

「読む目ある者たちに、不死への門は開かれた」

と言うことができるでしょう。さらに詳しく知りたいという読者は、巻末の参考文献に挙げたような書籍を参照してください。

最後に、ゴンブリッチ教授の次のことばでこの章を閉じることにします。

「ブッダはあらゆる時代を通じてもっとも輝かしく、かつ独創的な思想家の一人である。ブッダは人類史上に記録がある中で、もっとも偉大な思想家——もっとも偉大な人格者——の一人と見なされてよい」

＊

タキシラ——西洋と東洋の接点

以上がブッダの生涯のあらすじですが、従来まったく看過されてきた問題に関して、近年新たな見解が示されましたので、それを紹介しておきます。

それはシッダールタの十六歳での結婚から二十九歳での出家までの十三年間ほどに関する資料が皆無であるという点に関してです。キリスト教の開祖であるイエスの生涯でもこうした空白期間があり、さまざまな憶測がなされています。

新説では、正確な時期はまったくわかりませんが、ブッダは当時の彼と似たような境遇の若者たちの多くと同じく、ガンジス川中流域から北西約千三百キロメートルも離れた、二カ月行程の中央アジアのタキシラ(現在のパキスタン、パンジャーブ州)に遊学していたのではないか、というものです。

当時のインドの十六大国間には交易・通商の幹線道路がありました。ガンジス川中流域では東のマガダ国の首都ラージャグリハと西のコーサラ国の首都シラーヴァスティーの間の交流は陸路・水路とも非常に活発でした。シラーヴァスティーから南へは、ダッキナーパタ(南路)と呼ばれる道が、コーサンビー、ウッジャインを経由して十六大国の最南のアッサカ国の首都ポタリまで通じていました。北の方へはウッタラーパタ(北路)と呼ばれる幹線道路で、インド最北部のガンダーラ国のタキシラまで行くことができました(図5)。当時ユーラシア最大の帝国は現在のイランを中心としたアケメネス朝ペルシャ(紀元前五五〇—三三〇)で、その版図は西は地中海にまで達していました(図6)。タキシラも一時的にせよその版図の東端に包括され、ペルシャ人、ギリシャ人の住むコスモポリタンな国際都市でした。ここは歴史的に重要な幾つもの交易路が交差しており、東は中国に、西は地中海に、東南はインドのマガダ国の首都ラージャグリハにまで通じていました。仏典にはブッダの同時代人で、この地に学んだ者たちへの言

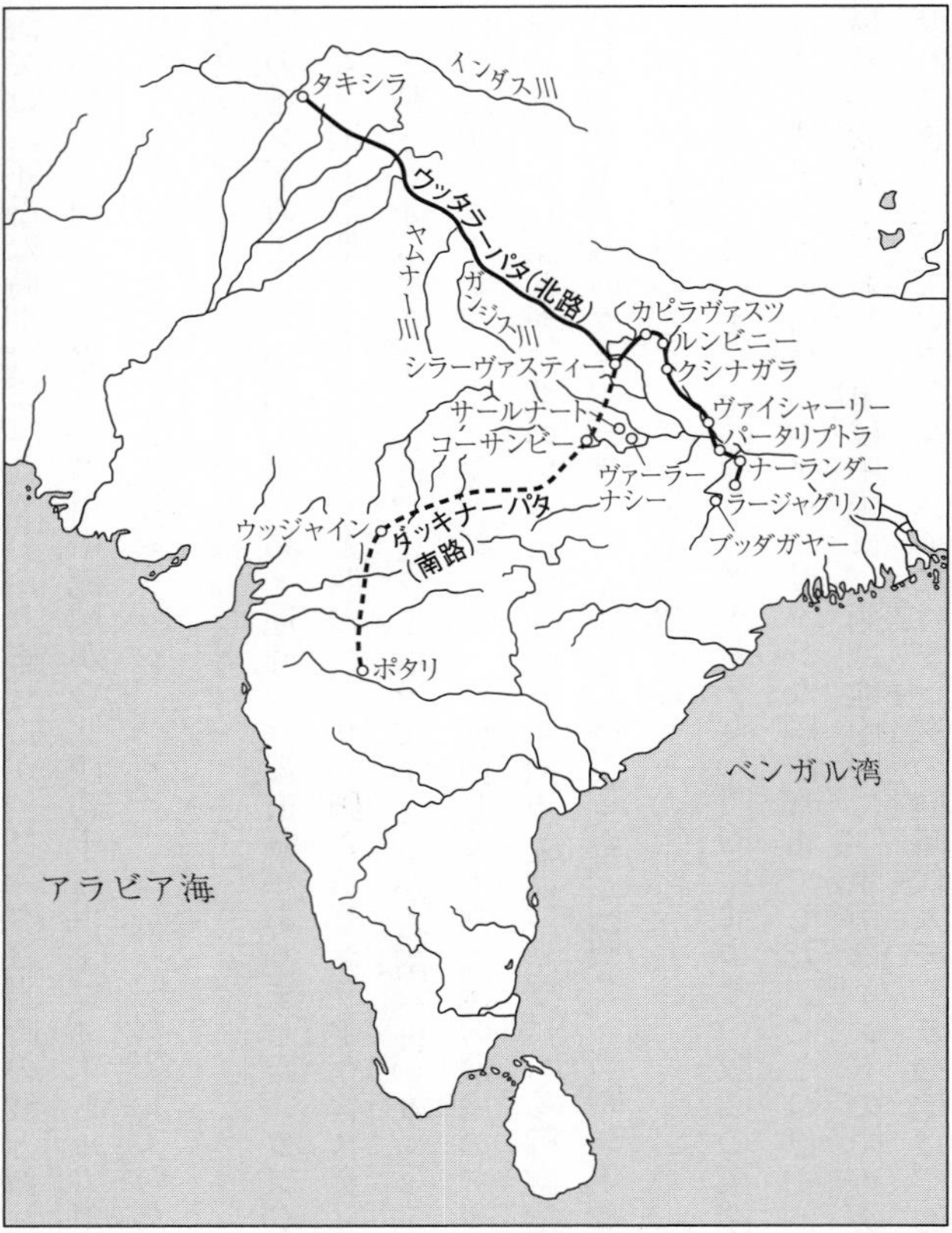

図5　ブッダ当時の幹線路

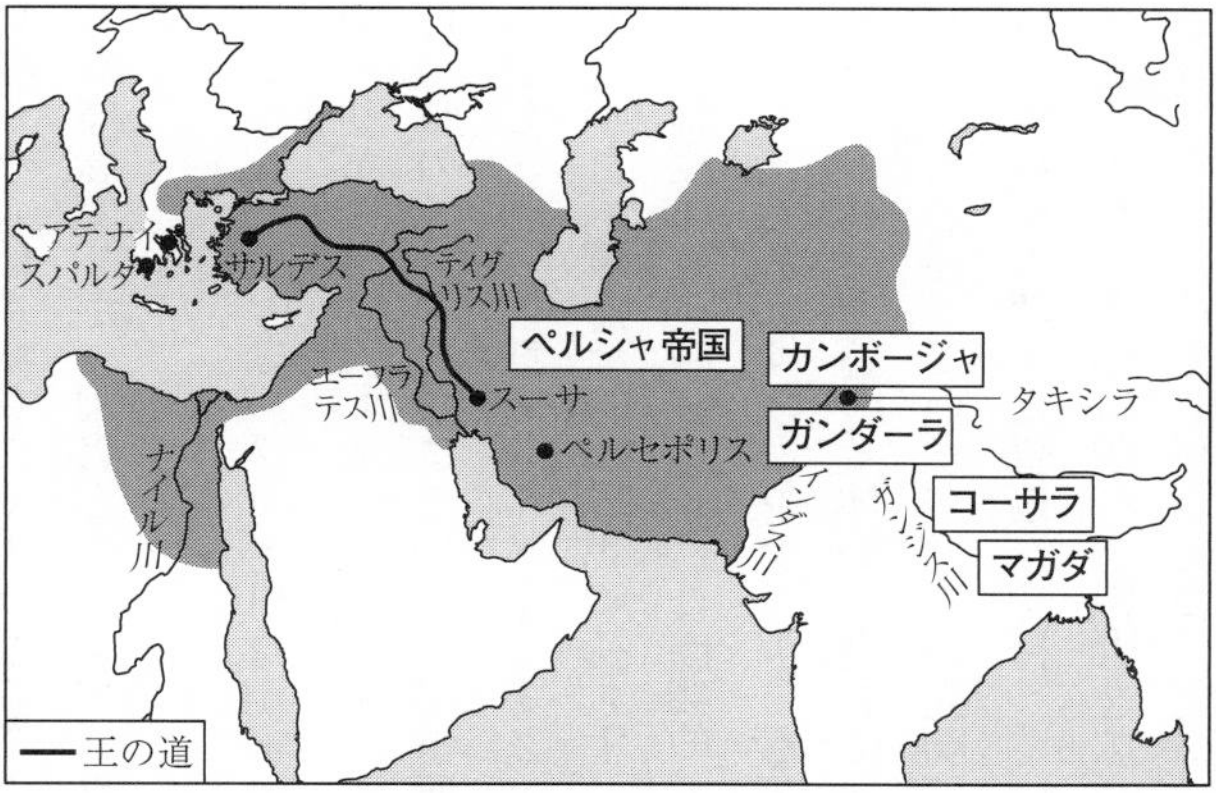

図6　アケメネス朝ペルシャとギリシャ，インド

及がいくつもありますが、その中でもっとも著名なのは、ブッダの弟子であり、保護者でもあったコーサラ国王プラセーナジットです。

仏典には、ブッダが若いバラモンとの対話においてカースト制に言及する箇所があります。そこではインド世界の最北西部であるヨーナ地方(タキシラに近い地域を指す)や他の地域では、主人と奴隷(召使)という二種類のカーストしかなく、時に主人が奴隷となり、その逆に奴隷が主人となることがあると伝えられています。ここでのカーストはいわば社会階級で、インド固有の生まれにより決定されるカーストとは異なるものですが、この記述はブッダがカーストという身分制に限らずインド圏以外の社会制度などを知っていたことを物語っています。

もう一例を挙げますと、インド圏の神話世界には登場しない仏教特有のマーラ（悪魔）の概念も注目されます。これはキリスト教のサタンと似通った概念ですが、両者ともゾロアスター教の悪を象徴するアンラ・マンユに由来するものでしょう。

こうしたことは、ブッダ自身が実際にタキシラに学んだか否かは別として、彼がインド圏以外の世界を知っていたことを示唆しています。ブッダは、バラモン教が絶対的権威を持っていた当時のインド社会にあって、宇宙原理としてのブラフマンも個人主体としてのアートマンも否定したり、司祭者カーストであるバラモンの立脚点であるカースト制そのものを度外視するといった「革命」的な思想の持ち主でした。その背景には、彼が若くして、インド圏以外の思想、制度に直接触れ（あるいは間接的に伝え聞き）、インド世界を超えた広い視野を持っていたことが考えられます。ゴンブリッチ教授は、ブッダが他国の文化（のあり方）に気づいており、バラモンの社会理論の全体が人為的に過ぎず、他の土地には当てはまらないことをはっきり理解していたと述べています。この先明らかになるでしょうが、彼の思想が当時のインド思想界という狭い枠を超えた普遍性を持っているのには、彼が十六歳から二十九歳までの思想形成期にさまざまな異文化に触れ、視野を広めた経験が大きく寄与していると思われます。いつの時代にあっても、異文化との接触、交流は、人の視野を広め、思考をより自由にするものです。

三章　ブッダが「目覚め」たこと——ものごとのありのままの姿——

ブッダの教えの編纂と伝承

ブッダは三十五歳で「目覚め」てから八十歳に至るまでの四十五年間、ガンジス川中流域を中心に北インドの各地で教えを説きました。多くの場合は、苦しみに直面し、悲しみの中で彼に解決策を求めてきた人たちの個人的、具体的な問題に対してのブッダなりの対処法であり、アドバイスでした。当時はことばを文字に書き記すということがなかったので、ブッダのこうした数千、数万に及ぶ教えは、それを聴いた人の記憶の中にだけ生き続けました。

また三十五歳で「目覚め」た最初の時点で、ブッダの考えはすべてのことがらに関して既に体系化されており、生涯一貫して変わることがなかったということは、いかに天才的なブッダにしてもあり得なかったことです。初期仏典と総称されるものの中にもブッダの教えには四十五年にわたる新旧の差があり、その間にブッダ自身、その表現を変えたり、教えを簡略化したり、逆に深めて広大にしたと思われる箇所がいくつか見られます。いずれにせよ、こうした中で、長年にわたって蓄積された膨大な教えのすべてを通して一貫性があったわけではありませんでした。しかしブッダ在世中は、弟子たちはブッダに直接質問したりして、疑問点を質すことができましたから、問題はありませんでした。

ブッダの死を境に状況は一変しました。多くの弟子たちの一人ひとりが耳にした教えを、何らかの形でまとめようとする動きが出てきたのは当然と言えるでしょう。これが「結集《けつじゅう》（サンギーティ）」とよばれるもので、実際には「共同の読誦」を意味します。[25] これが全体規模で初めて行われたのは、ブッダが亡くなってしばらくしてからのことです。マハーカッサパ（大迦《だいか》葉《しょう》）が主宰し、アーナンダやウパーリ（漢訳では優《う》波《ぱ》離《り》と音写）をはじめとする五百人ほどのブッダの中心的な弟子たちがラージャグリハに一堂に集まり、互いの記憶をすり合わせ、確認しながらブッダから聴いた教えをまとめることになりました。これがいわゆる「第一結集」で、一種の編纂会議のようなものです。ですから、この編纂会議で決定されたことはすべて「如是《にょぜ》我《が》聞《もん》（私〔たち〕は〔ブッダから〕次のように聴いた）」という定型句から始まっています。こうして全員の承認を得られたものがブッダのことば（すなわちスートラ、「経」）とされ、それが暗唱され、口承により伝授されることになりました。インドでの口承伝授は極めて正確なことが知られており、仏教の聖典も、バラモン教の聖典である『ヴェーダ』の伝統に劣らず、一字一句違えることなく伝えられることに全力が注がれました。

この結集は一回だけではなく、二回目の結集はブッダが亡くなってから百年程後に行われました。それというのも、ブッダの晩年二十五年にわたってブッダの近くに仕え、多聞第一と呼ばれ、ブッダ亡き後の仏教教団を支えてきたアーナンダをはじめとする直系の弟子たちと、その他の弟子たちとの間に、ブッダの教えの解釈とか伝承に相違が現れ、改めて合意が必要なことがらが出てきたからです。これは歴史の自然の流れで、時の経過とともにますます多岐化していきました。その結果、この第二結集の直後に根本分裂が起こり、それ以後は部派ごとに教理化と体系化が進み、各派により各々の大蔵経と呼ばれる叢書が集大成されることになりました。これもやはり最初は口承により伝承され、初めてパーリ語で筆記されるようになったのは紀元前後になってからです。こうして仏教の多岐化・分裂はますます進み、各派の間にはいくつかの重要な差異が現れ、時として正反対の見解、解釈すら見られるようになりました。この長い間にわたった分派化はすこぶる複雑ですし、その説明は本書の目的ではありませんから省きます。

いずれにせよ千を超す膨大な数のスートラ(経《きょう》)、ヴィナヤ(律《りつ》)[26]は、ブッダが体系的に述べたものではありません。各地で、さまざまな人からの、諸々のことがら、質問にブッダが答えたものを、弟子たち、後継者たちが編纂し集大成したものですから、それらを総合してブッダの一貫性のある思想体系を打ち立てるのはほとんど不可能です。さらには、後世の学僧たちによって著作されたシャーストラ（論《ろん》）すなわち経や律に対する説明・注釈が加わり「経・律・論」の三蔵経（あるいは大蔵経）と呼ばれる一大仏教典籍集が出来上がりました。最初はパーリ語だけでしたが、次第にサンスクリット語でも編纂・著作されるようになり、そこから中国語、チベット語、モンゴル語、満洲語などアジアのいくつかのことばに翻訳されました。

こうした数多くのテクストの中から、本書では主として初期のパーリ語仏典から重要な箇所を抽出し、ブッダの思想の中核を探ることにします。

（25）キリスト教の公会議に相当するでしょう。
（26）教団の規律や僧侶・信者が守るべき戒。日本では一般に戒律と総称されますが、戒は自発的な誓約で、律は他律的な規定。

ブッダのアプローチ――苦楽中道《くらくちゅうどう》

二章「ブッダの生涯」で見たとおり、ブッダは二十九歳にして、出家という決断をしました。最初は二人の高名な師の許で思考（感情）停止の境地に至る瞑想に励みました。それでも探し求めていた境地には至れないことを知り、次には苦行に専念しました。これは止息《しそく》とか断食《だんじき》といった自らの体を苛《さいな》むものでした。しかし、ブッダはついにはこうした禁欲的苦行の無効性をも認識しました。

こうしてブッダは、出家者としての瞑想、苦行の双方の道を自ら経験し、それらがともに無益であると判断した上で、苦楽中道という中庸的な道こそが大切であることに気付きました。そこで、激しい苦行の末に弱り切っていたので、滋養分のある食べ物を摂り、気力・体力を取り戻しました。そして菩提樹の根本に坐り、静かに思索し、ものごとの本質を深く洞察した結果「目覚め」、ブッダすなわち「目覚めた人」となりました。

自身のこうした経験から、ブッダは弟子たちの修行にあたっては、肉体を苛んだりする苦行と、快楽を追求し怠慢《たいまん》で放逸《ほういつ》に流れる生活という両極端を捨てて、バランスの取れた生活を送りながら、努力を続けることを勧めました。次の逸話がこうしたブッダの立場をよく表しています。


ソーナという弟子がいた。彼はブッダの教えに従って、熱心に実践・修行したが、なかなか進歩できずに悩んでいた。それを察したブッダは彼の許に赴き、次のように語りかけた。

「ソーナよ、そなたは僧団に入る前は、琴がたいそう上手だった、と聞いているが、そうか」

「はい、いささか琴の心得がありました」

「では、ソーナよ、あなたはよく知っているであろう。琴を弾くのに、弦を強く張りすぎると、いい音が出ないということを」

「そのとおりです」

「逆に、弦の張りが弱すぎたら、やはりいい音は出ないだろう」

「そのとおりです」

「では、どうしたらいい音を出すことができるか」

「弦は強からず、弱からず張ることが大切です。そうしなければ、いい音は出ません」

それを受けて、ブッダはこう諭した。

「ソーナよ、私の教えの実践もまさにそれと同じである。意気込み過ぎると、心が逸《はや》り、気が緩《ゆる》み過ぎると、怠惰《たいだ》となり、どちらの場合も進歩することができない。ソーナよ、私の教えの実践でも、度を過ぎて極端に走ることも、放逸もともに好ましくなく、バランスよく中道を歩まなくてはならない」

この「中道」は仏教の基本的立場ですが、修行に限らず、人間のありとあらゆるすべての行いに当てはまるものでしょう。

ブッダは放逸を以下のように戒《いまし》めています。

世の中に道はいろいろあるが、すべて不放逸をもって根本とする。
諸々の教えのなかで、不放逸が最良であり、最上である。
怠《おこた》りは最悪であり、怠りによって塵垢《ちりあか》がつもる。
励み努めることにより、また明智により、自分にささった矢を抜ける。(27)

放逸を戒めるブッダの教えは、日本仏教でも理解され、守られています。ところがブッダが同じく戒めた苦行に関しては、事情が大きく異なっています。日本では仏教に限らず、神道でも修験道でも、さらには一般的にも、精神鍛錬という目的のための肉体的に過酷な修行が評価される傾向にあります。滝に打たれる滝行《たきぎょう》とか千日回峰行《せんにちかいほうぎょう》といった荒行《あらぎょう》がその代表的なものです。これは、ブッダが説いた「中道」という考えから外れていることは言うまでもありません。

(27) 仏典によく用いられる表現で、矢は毒矢のことで煩悩を象徴しています。

信仰ではなく理解と実証による信頼

ほとんどすべての宗教は、信仰――盲信と言えるものまで含めて――に立脚しています。キリスト教ではラテン教父の一人テルトゥリアヌス(一六〇頃―二二〇頃)が述べたとされる「不条理(あるいは不合理)なるが故にわれ信ず」[28]ということばに見られるように、合理性・条理性よりも信心に根拠を置きますが、仏教の立場はまったく対照的です。またキリスト教内(プロテスタントの立場)には、「善行によって神は人を義とする」という「行為義認」と「人は善行ではなく信仰によってのみ義とされる」という「信仰義認」という二つの立場があります。まったく異なった文脈ですから、ブッダの立場がこの内のどちらかに当てはまるとは言えませんが、ブッダはどちらかといえば信仰ではなく善行の実践に重きを置いていたことは明らかです。

ブッダが強調したのは自分自身で理解し、実践することであり、信心あるいは信仰ではありません。自らの経験の客観的な事実認識の上に立脚し、たえずその認識を自ら検証するというのがブッダの教えの大きな特徴と言えるでしょう。

ブッダ自身、こう述べています。

私があなたがたに説くのは、伝え聞いたことではなく、私自身が体得した理《ことわり》である。その理を理解して、よく気をつけて実践し、執着を乗り越えよ。

また初期仏典にこんな話があります。ブッダが、カーラーマ族のケーサプッタという村を訪れたとき、村民たちは「さまざまな修行者やバラモンが村を訪れ、異なった教義を説きます。ですから誰を信用していいのかわからず、戸惑っています」とブッダに訴えました。それに対してブッダは、次のように助言しました。

カーラーマたちよ、いかなる教えも、(個人的)信頼関係や外的権威に頼ったものであってはならない。誰のことばであれ、教えであれ、自らの経験を試金石として真偽を検証し、自らの判断力を使って進むべきであり、鵜呑みにしてはならない。

あなたたちが自分自身で、忌まわしく、間違っており、悪いと判断したならば、それを棄てなさい。あなたたちが自分自身で、正しく、よいと判断したならば、それに従いなさい。

これは、宗教史上稀に見る寛容な態度ですが、これがブッダの基本的な立場です。ブッダはさらに、修行者は自らの師の真価を十分に得心するために、ブッダ自身さえも吟味の対象とすべきである、と言っています。

またブッダは、すべては自分で検証することが必要である、と説いています。次の逸話が、そのことをよく物語っています。

あるとき、学識ある著名なバラモンの一団がブッダを訪れ、長時間にわたって討議した。バラモンの中で、格別に優秀だと認められていたカーパティカという十六歳の若者がブッダに尋ねた。

「師ゴータマよ、私たちバラモンには、古《いにしえ》から途切れることなく口承されてきた聖典があります。それらに関して、私たちバラモンはこう断定できます。

『これのみが真実であり、他はすべて偽りである』

さて師ゴータマは、これに関していかがお考えですか」

ブッダが尋ねた。

「今いるバラモンの中で、『これのみが真実であり、他はすべて偽りである』と自ら知り、見定めていると主張する人が一人でもいますか」

　青年バラモンは正直に、

「いません」

と答えた。

「それなら、あなたがたバラモンの師、あるいは七代まで遡る師の師、さらには聖典の著者のうち、一人でも『これのみが真実であり、他はすべて偽りである』と自ら知り、見定めている、と主張できる人が一人でもいますか」

「いません」

「では、それは盲人が順に列をなしているようなものである。列の先頭の者はものが見えておらず、列の中程の者も見えておらず、列の最後の者も見えていない。それゆえに、私にとってそうしたバラモンたちは、盲人の列にしか見えない。それは、『私は美しい女性を愛している』と言いながら、その女性について容姿も名前も知らない男のようなものである」(29)

と述べています。ブッダは何事も鵜呑みにしてはならず、自分の経験に基づき、自らの判断力を使って決断し、進むことを求めました。

この立場は現在の代表的な仏教者であるダライ・ラマ十四世にも受け継がれているもので、彼は宗教を信心という観点から二つのグループに分け、こう述べています。

「二つのグループは、まず初めに信心をする、という姿勢から宗教に入っていくものです。多くの宗教はこのグループに属しており、信心することに重点が置かれているのです。

そしてもう一つのグループは、まず自分でその教義を分析してみて、正しいかどうかを調べてみる、という姿勢を基本としています。そして、その分析によって自分の心の中に知恵が生まれ、その知恵に裏づけられた上で、初めてそれを信じる、という種類のものです。仏教は、このグループに属します」

また、こうも説明しています。

「経典の中で、ブッダは弟子たちに、『私の言うことを盲目的に信じてはならない。金細工師が金を熱し、打ち、引き延ばして金の純度を吟味するように、検査しなくてはならない』と言っています。

すべての宗教で信仰が大きな役割を果たすことは疑いがありません。しかし、信仰には有効な理由による動機づけがなくてはなりません。仏教では、『信仰は明晰な知識に由来する』とも言います。すなわち、どうして信じるのかを知らなくてはならないということです。まずあなたが選ぶ道が、あなたの性質や求めるものに実際に対応しているかどうかを確かめる必要があります。それを実践できるのかどうか、どんな利益があるのかを自問しなさい。その基本的な教えを勉強しなさい。実際に修行してみなければ仏教のすべてを知ることはできませんが、その肝要なところはそれで十分知ることができます。そして真剣に考えなさい。この検討の後に、仏教を取り入れようと決心するのであれば、申し分ありません」

仏教は、盲信的な信仰を前提としない、理《ことわり》の宗教であることを端的に表明する立場です。

フランス人東洋学者アンドレ・ミゴ（一八九二—一九六七）は、

「ブッダは、信仰を知性に、教義を真理に、神の啓示を人間の理性に置き換えた最初のインド人である」

と言っており、二十世紀を代表する科学者アルベルト・アインシュタイン（一八七九—一九五五）は、

「仏教は近代科学と両立可能な唯一の宗教である」

と評していますが、それらは仏教のこうした性格を指しています。

（28）実際のことばは「神の子が死んだということ、これはどうしても信じなければならない。何故

ならそれは無意味だからだ〔quia ineptum est〕。そして、彼は墓に葬られ、蘇った。この事実は確かだ。何故なら、それは不可能だからだ」（J・ペリカン『イエス像の二千年』〔小田垣雅也訳〕講談社学術文庫、一九九八年）

(29) ブッダは、神からの啓示（シュルティ）であるヴェーダ聖典を無批判的に絶対的権威として受け入れているバラモン教を批判しています。

ブッダの教え方

ブッダは四十五年間にわたりさまざまな地域で、数多くのさまざまな人たちに教えを説きました。しかし、いつも、誰に対しても同じように教えたわけではありませんでした。現在の教育のように、先生があらかじめ用意してきた教材を用いて、出席している全生徒に一方的に話しかける形とはまったく異なったものでした。ブッダは「善巧方便《ぜんぎょうほうべん》」「対機説法《たいきせっぽう》」「応病与薬《おうびょうよやく》」などと言われるように、相手の知的レベル、性格、興味などに従って、それに沿う形で、聴く人の心に一番入りやすい形式で、教育者的観点から教えました。ブッダはよく名医にたとえられますが、病人を前に、その病状を診断し、それを詳しく説明するよりは、それにもっとも効き目がある薬を投与して、安楽を与え、苦しみから救済する「抜苦与楽《ばっくよらく》」の名医でした。

疑念の払拭

ブッダによれば、疑いや惑いは真理を明確に理解し、精神的に進歩するための妨げになります。どんな学科の学習にしても、課題を前にした生徒に疑問が残ると、そこから先にはどうしても進めなくなります。それゆえに本当に進歩するためには、疑念をなくすことが絶対に不可欠です。そして疑念をなくすためには、ものごとを明晰に見なくてはなりません。すべての悪の根源は無知、無理解です。

ブッダは、次のように述べています。

「もし私が「私は掌《てのひら》の中に宝石を隠し持っている」と言ったら、あなたはそれが見えない以上、私が言ったことが本当かどうか、私のことばを信じるかどうか、という惑いが生じる。しかし、私が掌を開き、宝石を見せれば、あなたはそれを自分の目で見ることになり、信じるかどうかという問題は起こらない」

ブッダは、すべての人に率直にものごとを話しました。そして自分は特定の弟子だけに秘儀を教えたりとか、他の弟子には何かを隠したりすることはいっさいない、と述べています(30)。ブッダは、誰にでも分け隔てなく、自らが経験したことがらを包み隠さず伝えた人であり、弟子たちが困惑したり、疑念を抱くことがないように配慮しました。

疑わずに、信じるべきであるというのは、的を射ていません。ただ単に「私は信じる」というのは、本当にものごとを理解しているということではありません。理解せずに、自らを無理強いして何かを信じたり、受け入れたりすることは、けっしていいことではありません。

ブッダは、弟子たちが疑念を抱いたまま、うやむやにしか理解しないでいることがないようにたえず心がけました。死の直前になっても、ブッダは弟子たちに向かって、

「私の死後になって、疑念が晴らせなかったことを悔いることがないように、今まで私が教えてきたことに関して何か疑問があるなら、今問いなさい」

と促《うなが》しました。しかし、弟子たちは黙して答えませんでした。そのときブッダは次のように述べました。

「弟子たちよ、そなたたちは、もしかしたら師への敬意ゆえに質問しないのかもしれない。もしそうなら、それはよくないことで、友だちに問いかけるように質問するがいい」

ブッダ自身は、確固たる理解に達するまで、ものごとを徹底的に考察し抜いた人です。そして弟子たちにもそれを要求しました。疑念が残っていては、真の進歩はありませんし、問題に対する真の解決策は見つかりません。

(30) バラモン教では、師資相承で教えを伝えるのが伝統的で、秘儀は師の掌の中にあって、掌は容易に開くものではない、とされていました。ブッダはそれを暗に、しかし強く批判しています。

如理作意《にょりさい》と如実知見《にょじつちけん》――ブッダの考察方法

この二つのことばはあまり耳慣れないものでしょう。

如理作意《にょりさい》(ヨーニソー・マナシカーラ)は、ブッダがものごとを考察し、その本質は何かと問い詰め、段階的に根源的・始原的原因にまで遡り、そこに至ると今度は逆に原因から出発して現前のものごとのありのままの姿にまで至る方法です。前者は必要条件の検証、後者は十分条件の検証と言えるでしょう(31)。この両者によって必要十分条件が満たされれば、ものごとの本質を理解することができます。

『スッタニパータ』では、これを「二種の考察」として、

「苦しみが生起するのは、すべて無明《むみょう》に縁《よ》ってである。

無明が消滅すれば、苦しみが生起することはない」

という一対の観察があります。これは二つの項目に関して、第一段で「甲が生起するのは、乙があるからである」と生起の過程を、第二段で「乙が消滅すれば、甲は生起しない」と生起・

消滅の過程を検討し、甲乙二項目間の因果関係を理解するものです。そして、この因果関係を順逆双方向に正しく考察する必要があります。これがブッダの基本的な考察の仕方で、彼はこうした手順でものごとを徹底的に観察し、分析しました。これがブッダの如理作意という考察の仕方です。

ブッダは実に合理的な思考方法の持ち主で、彼の教義はすべてこうして検証され、打ち立てられものです。その結果得られた、ものごとのありのままの姿の理解が、如実知見《にょじつちけん》(ヤターブーター・ダッサナ)です。このことはこの先主要な教義を詳しく見ていく過程で、いっそう明瞭になってくることと思います。

(31) 仏教用語では、順観と逆観。

抽象的論議の無益性――経験論的合理主義

ブッダは、徹底した合理主義者、経験主義者であり、思弁的、衒学《げんがく》的論議をする人ではありませんでした。後述する四聖諦《ししょうたい》に関する次の逸話がそれを象徴しています。この逸話は二段落に分かれていて、その一段目は次のとおりです。

哲学好きの青年修行者マールンキャプッタは、ブッダが形而上学的な問題に答えないことにかねてから不満を抱いていた。あるとき、思い詰めたような気配で、ブッダの許にやってきて、次の十の質問をした。

(一)宇宙は時間的に永遠か、(二)否か。
(三)宇宙は空間的に有限か、(四)無限か。
(五)魂と肉体は同一か、(六)否か。
(七)ブッダは死後、存在するか、(八)否か。
(九)ブッダは死後、(同時に)存在もし、存在もしないか。
(十)それともブッダは死後、(同時に)存在もせず、存在もしないこともないか。

「もしブッダがこれらの質問に答えてくださるのなら、私は師の許で修行を続けます。しかし、もしブッダが答えてくださらないのなら、私は師の許を去ります」と迫った。

これに対して、ブッダは沈黙を続けました。この種の質問に対して答えないことは、「無記《むき》」あるいは「捨置答《しゃちとう》」として知られており、ブッダが答えを保留したものです。そのなかで今列挙したのは「十難無記《じゅうなんむき》」と呼ばれ、もっともよく知られているものです。

続く逸話の二段目は、「毒矢のたとえ」として知られる有名なもので、次のとおりです。

「マールンキャプッタよ、ここに毒矢に射られた一人の人がいるとしよう。そのとき、彼の友だちや親族が、急いで彼を医者の許に連れて行った。ところが彼が「私を射たのは誰か？　カーストは何で、何という名前で、どんな家系で、身長はどれくらいか？　どんな弓と弦で射ったのか、矢羽根、矢尻はどんなものか？　それがわからない間は、この矢を抜いてはならない」と言い張ったら、どうなるだろう。彼はその答えを得る前に死んでしまうだろう。

マールンキャプッタよ、それと同じく、もしある人が「私は、ブッダが形而上学的問題を説明してくださらないなら、ブッダの許で修行しません」と言ったら、彼は問題の解決を得る前に死ぬであろう」

続けてブッダは、そうした問題は修行とは無関係であることを説明した。

「形而上学的問題にかかわらず、人生には病、老、死、悲しみ、愁い、痛み、失望といった苦しみがある。私が教えているのは、この生におけるそうした苦しみの消滅である。それゆえにマールンキャプッタよ、私が説明したことは説明されたこととして、説明しなかったことは説明されなかったこととして受け止めるがよい。マールンキャプッタよ、私は形而上学的問題は説明しなかった。私がなぜ説明しなかったのかというと、それは修行にとって本質的問題ではなく、人生における苦しみの消滅に繫がらず、無益だからである。それゆえに私は説明しなかったのである。

ではマールンキャプッタよ、私は何を説明したのか。私は、

(一)苦しみの本質

(二)苦しみの生起

(三)苦しみの消滅、そして

(四)苦しみの消滅に至る道

(後述する四聖諦《ししょうたい》)を説明した。私がなぜ説明したのかというと、それは修行にとって本質的な問題であり、人生における苦しみの消滅に繫がり、有益だからである」

ここでブッダは、毒矢に射られた人を前にして、その毒矢について微《び》に入《い》り細《さい》を穿《うが》つことの無用性を指摘しています。この態度は、現実の、すなわち今生きている人生の問題を前にして、その解決には繫がらない形而上学的ことがらを細かく検討するのに貴重な時間を無駄に費やし、

不必要に心の静逸を乱している多くの現代人にとってもきわめて有益でしょう。

私たちも、そうした問題に関わることなく、ブッダが「修行に関わる本質的な問題であり、人生における苦しみの消滅に繋がり、有益である」と見なした四聖諦を以下に詳しく検討することにしましょう。

苦しみの本質（苦諦《くたい》）

前節では、問題解決にあたってのブッダの方法がいかに合理的で、プラグマティックなものであるかを見てきました。ブッダはこうしたアプローチで「目覚め」に至ったのですが、何に「目覚め」たのでしょうか。ブッダの目標が苦しみの消滅であったことを思い起こせば、ブッダの「目覚め」も当然としてこの苦しみの消滅・超越に関してだったはずです。この点に関して、十九世紀ドイツの哲学者F・ニーチェ（一八四四―一九〇〇）は、『アンチキリスト』の中で次のように述べています。

「仏教は、キリスト教に比べ百倍も現実主義的だ。仏教は、客観的に、冷静に問題を提起する能力を遺産として受け継いでいる。仏教は、歴史が我々に提示してくれる、唯一の真に実証科学的宗教である。

仏教はもはや『罪に対する戦い』などを口にせず、その代わりに現実を正当に認めた上で、『苦しみに対する戦い』を宣言している。

必要なことはただ一つ、すなわち『いかにして苦しみから解放されることができるか』である」（西尾幹二訳）

このようにニーチェは、仏教は、より冷静で、客観的で、真実に近く、実用的で、健康的である点において、キリスト教より優れている、と評価しています。(32)

ではこれから、ニーチェがここまで高く評価したブッダの「苦しみに対する戦い」を見ていくことにしましょう。それが、前節の最後に列挙された、

（一）苦しみの本質（苦諦《くたい》）

（二）苦しみの生起（集諦《じったい》）

（三）苦しみの消滅（滅諦《めったい》）、そして

（四）苦しみの消滅に至る道（道諦《どうたい》）

の四聖諦《ししょうたい》、言い換えれば四つの真理から構成される認識・実践体系です。

よくブッダは医者にたとえられますが、四聖諦を医学的観点から見れば、医者が、

(一)病状(苦)を正しく把握し

(二)その病状を引き起こす根本的な原因を確定し

(三)その原因をなくせば、病状が治ることを確認し

(四)治癒に至る処方箋を与える。

とすることができるでしょう。

このうち(一)から(三)までは実に合理的・実証的な認識体系であり、(四)はその認識体系に基づいた八正道《はっしょうどう》とよばれる実践体系です。前者は、合理的とはいえ、インド独特の深い哲学的な考察が多く、日本人には思弁的で「理詰め」過ぎに映るかも知れません。この体系は、ブッダが口頭で民衆に説いていた初期の頃のものはもっと簡単で、平易なものだったでしょうが、その後の仏教の発展に伴って、詳細な考察・注釈がなされ、体系化され、結果的には膨大で複雑な「煩瑣《はんさ》哲学」と化してしまいました。日本で仏教が難解と思われるようになった一因はここにあるでしょう。それゆえに、本書ではこうした思弁的・哲学的考察の説明は必要最小限に留めることにします。

(32) 彼の仏教理解に関してはあまり詳しくはわかりませんが、たとえば一八七五年(三十一歳)に友

人に宛てた手紙の中で次のように述べています。

「僕はシュマイツナーの友人ヴィーデマン氏から、仏教徒たちの聖典のひとつとかいう『スッタ・ニパータ』の英語本を借りた。そして『スッタ』の確乎たる結句のひとつを、つまり『犀《さい》の角のように、ただ独り歩め』という言葉を僕はもうふだんの用語にしているのだ。（中略）それで僕は『スッタ』からもっと多くのことを聞きとろうとしているのだ、ユダヤ＝キリスト教的な言い回しと結びつけないでね」（川鍋征行訳）

『スッタニパータ』は本書でもたびたび言及していますが、ブッダのことばをもっとも古い形で残している最古の仏典の一つです。

苦しみ

第一の真理は「苦しみの本質」です。ここでまず注意しておきたいのは、ブッダが最初に「苦しみの本質」の真理を挙げているからと言って、彼は人生は苦に他ならないと見なす厭世主義者、ペシミストではなかったということです。先に言及した十九世紀のドイツの哲学者A・ショーペンハウアーは「人は幸福になるために生きているとするのは、人間生来の迷妄である」と述べています。しかしそれとは対照的に、ブッダは人生には私たちが一般的意味で用いる苦しみがあることを直視しましたが、同時に一般人の日常の経験には楽しみも幸せもあることを否定しませんでした。そして人は誰でも苦しみから解放され、解脱できると確信し、みずからの努力、考察によりその道を見出し、それを多くの人に教えました。

人は、楽しいとき、あるいは幸せと感じているときには、何ら不満はなく問題を感じません。ある箴言《しんげん》に、「壊れていないのに、なぜ直す必要があるのか？」とあるとおりです。しかしいつも楽しさや幸せを享受できるわけではなく、望まなくても否応なく苦しみにも不幸にも直面せざるをえません。人間にとってはこの苦しみの時こそが問題であり、ブッダが苦しみを最初に取り上げたのは、その本質を見極め、その根絶、超越への解決策を見出すためなのです。最初に幸福を目指すといえば聞こえはいいでしょうが、まずしなければならないのは、不幸、苦しみを引き起こす原因を確実に取り除くことです。苦しみの消滅こそは、すべての人が望んでいる幸せに至る道を見出すためのブッダの手順なのです。

ところで、いままで「苦」「苦しみ」ということばを説明せずに使ってきましたが、仏教用語としての原語はサンスクリット語、パーリ語ともに「ドゥッカ」で、「不完全さ、空しさ、実質のなさ」といった深い意味があります。それゆえに、人間からすれば、「思いのままにならずに、満足できないこと」全般を指すことになります。ところが日本語の苦しみということばは、ブッダがドゥッカということばで意図したことの全体を正しく伝えていません。ラーフラ師は、苦しみの原語ドゥッカには、私たちが日常生活で経験する(肉体的、精神的)苦しみも含まれていることを認めた上で、そのほかに、

(一)条件付けられた生起(縁起)としての苦しみ

(二)ものごとの移ろい(無常)による苦しみ

という二面があると述べています。しかし、この二面は異なった二つのことではなく、苦しみの両面と見なしたほうがいいでしょう。つまり、私たちが経験するこの世のものはすべて、一つだけで独立して存在することはなく、他の諸々のものに縁《よ》って(＝依存して)生起(＝縁起)しており、それがゆえに条件付けられています。別の言い方をすれば、すべてのものはさまざまなものの集合体として構成されている、というよりは、すべてのものは集合の生成変化のプロセス[33]でしかなく、それがゆえに本質的に移ろうもの(＝無常)であり、個体としての不変の実体はないということです。

(33) このことばを仏教的文脈で最初に用いたのはR・ゴンブリッチ博士です。

「条件付けられた生起としての苦しみ」とは、縁起(パティッチャ・サムッパーダ)のことです。日本では一般に、縁起はたいへん難しく、深遠であると考えられていますが、実はけっして難しいものではなく、単純明快なことです。

縁起の「縁」は縁《よ》るということですから、縁起とは「縁《よ》って起《お》こる」ということです。何に縁ってかというと、それは原因に縁ってです。すべてのものごとは、原因に縁って、その結果として起こるということです。注意が必要なのは、原因はかならずしも一つだけではないということです。ただ一個の原因によって一個のあるいはすべての結果が起こるというふうには考えず、「さまざまな」ということばを加える必要があります。ですから「すべてのものごとは、さまざまな原因に縁《よ》って、その結果として起こる」と言えば、縁起の道理は尽きています。

すべてのものごとは、さまざまな原因や条件が相互に関連し合い、その集合体として一時的にかりそめに成立しているだけ、すなわち「条件付けられた存在」であって、他のすべてのものから独立して存在しているものは一つとしてありません。こうした条件や原因がなくなれば、自ずと消滅する本質のことを、仏教では此縁性《しえんしょう》(イダッパッチャヤター)といいますが、仏教の中心的見解の一つです。これを総合的に簡潔明瞭に述べたのが、一章(四三頁)でも触れました「縁起《えんぎ》法頌《ほうじゅ》」と呼ばれる四行句です。

これが存在するとき、あれが生起する。
これが生起するとき、あれが生起する。
これが存在しないとき、あれは生起しない。
これが消滅するとき、あれが消滅する。

そして、

条件付けられたものは、すべて無常である。
条件付けられたものは、すべてドゥッカ(苦)である。

とも宣言されています。

ブッダは「目覚め」に達してから、七日間瞑想にふけりました。その後に最初に述べたのが以下のことばです。

私は熱心に思索した結果、すべてのものごとの理《ことわり》が明らかになった。
私の疑惑はすっかり消え去った。
縁起とは、どういうことであるか。生があるから、老死という苦しみがある。
このことは、私がいようと、いまいとにかかわらず、真理である。
これは存在の法則であり、確たる理《ことわり》である。
それは相互依存性の法則である。

ブッダが「目覚めた」のは縁起という法則です。一章(四二―四三頁)に述べましたように、ブッダの十大弟子の内のマウドガリヤーヤナとシャーリプトラが入信したのは、アッサジというブッダの弟子から縁起理論を聴いたのがきっかけであったという逸話は、縁起理論の重要性をよく表しています。

この縁起理論には、その構成要素(支)の数により、五支縁起、八支縁起、九支縁起、十支縁起などいくつもありますが、もっとも完成した形で一般的に知られているのは十二支縁起(34)です。しかしここでは、この理論をわかりやすく説明するために、ブッダが最初に構想したと考えられる、もっとも短く、簡潔な五支縁起を見てみることにしましょう。

それは、

（一）無知（渇望）↓（二）執着　↓（三）生存　↓（四）誕生　↓（五）老死（苦）

という、無知（渇望）を根源とし、執着、生存、誕生を介して、最終的に老死すなわち苦に至る因果の鎖を説くものです。

縁起が無明《むみょう》すなわち根本的無知から始まっているとするのは、興味深くかつ意味深長です。既に言及しましたレオナルド・ダ・ヴィンチは、「無知と迷妄は、我らを誤り導く。哀れな人間たちよ、己が目を開け」と言っており、フランスのことわざにも、「無知な人はたえず隷属に至る」とありますが、苦しみの出発点はまさに無知なのです。

（34）各項目の説明は、本書の目的にとっては重要ではありませんから省きます。

無常

「ものごとの移ろい」すなわち「無常」は、上述しました縁起から必然的に導かれるものです。ですからこの両者は、ものごとのあり方の両面なのです。

ブッダに対してこう話しかけた人がいました。

「人の命は長い。善い人は、命を厭わずに乳飲み子のように、思いわずらうことなく生きるのがいい。死はいまだ来《きた》っていないから」

それに対してブッダはこう答えています。

「人の命は短い。善い人は、自分の頭に火がついたかのよう思い、いたずらに時を過ごすことなく生きるのがいい。死はいつ来ないとも限らないから」

この無常観は、古くから日本人にも共有され、文学作品の中にも多々現れます。たとえば、日本の三大随筆の一つである鴨長明《かものちょうめい》（一一五五―一二一六）の『方丈記』の、

「その主《あるじ》とすみかと、無常を争ふさま、いはば朝顔の露に異ならず。或《あるい》は露落ちて花残れり。残るといへども、朝日に枯れぬ。或は花しぼみて露なほ消えず。消えずといへども、夕《ゆふべ》を待つ事なし」

というよく知られた一節など枚挙にいとまがありません。

もう一例を挙げますと、浄土真宗本願寺八世蓮如《れんにょ》（一四一五―一四九九）が撰述した御文《おふみ》の中の「白骨《はっこつ》の偈」とよばれる次の一節は特に有名です。

「朝《あした》には紅顔ありて、夕《ゆうべ》には白骨となれる身なり。すでに無常の風きたりぬれば、即ち二つの眼《まなこ》たちまちに閉じ、一つの息ながく絶えぬれば、紅顔むなしく変じて、桃李《とうり》の装い[35]を失いぬる」

しかしながら、日本における無常観は、古来「もののあはれ」とか「世のはかなさ」というように、感傷的、情緒的にとらえられ、ものごとのありのままの姿すなわち客観的真理として冷徹に認識されることはありませんでした。しかしブッダが「ものごとの移ろいによる苦しみ」といった場合、それは感性的な次元ではなく、ものごとの本質的な事実認識です。まさに世の中で私たちが経験するすべてのものごとは、たえず移ろい変遷する性質のもので、実体のない虚仮《こけ》的と言えるものです。それゆえに世の中で変わらないものは、「すべてのものごとは移ろい変わる」という真理だけであるというのは、逆説的な真理です。

このことをラーフラ師は、「一一つの連続する瞬間を通じて、同一であり続けるものは何一つとしてない。すべては、一瞬ごとに生起し、一瞬ごとに消滅し、流転を続けている」と述べています。奇しくもブッダとほぼ同時代のギリシャの哲人ヘラクレイトス（紀元前五四〇頃？―四八〇頃？）は、「万物は流転する」「同じ河に二度入ることはできない」と述べたと伝えられていますが、ブッダの見解に通じるところがあり、興味深いことです。

また先に言及しました『方丈記』の冒頭で、鴨長明が「ゆく河の流れは絶えずして、しかももとの水にあらず」と記しているのもまさにこのことです。

ここで注意したいのは、仏教は無常、死ということをよく問題にすることから、暗い印象を与えます。しかしそれは何も人を意気消沈させるためのものではありません。死とか無常を考えないと、人は自分の前にはいくらでも時間があるかのように思い、無為に過ごしてしまう傾向があります。仏教が無常を前面に押し出すのは、人生のはかなさを自覚させることによって、前触れもなく突然訪れる死によっていつ終止符が打たれるともわからない、限りある貴重な人生の一瞬一瞬を活用し、意義のあるものにするようにとの注意喚起です。ですから、ラテン語のメメント・モリ(memento mori)「死を忘れるなかれ」という警句に通じるものです[36]。平安時代の歌人で、美貌で知られた小野小町(生没年未詳)は、『古今集』に、

「花の色は移りにけりないたづらに　我が身世にふるながめせし間に」

と詠んで、自らが徒《いたず》らに生きながらえている間に美貌が失せさったのを嘆いていますが、死を前にして、人生を無駄に過ごしたことを嘆くのはそれよりも哀れなことではないでしょうか。

(35) 美しさの意。
(36) この言葉は、「古代ローマでは『今を楽しめ』という意味で言われたが、キリスト教では現世のはかなさを覚え、来世の救いに思いをはせるように勧める言葉となった」(『広辞苑　第七版』)のは、仏教の無常の受け止められ方の変遷と比べて興味深いものがあります。

無　我

この無常というものごとの本質は、当然のこととして「私」「我」という概念にも当てはまります。一般に「無我」と訳されているパーリ語のアナッタは、アッタ（「我」）の否定形ですから、むしろ「非我」と訳したほうが原語の意味に近いでしょう。ブッダが主張したのは「我」がないということではなく、「我」ではないということです。この違いを正しく理解するためには、ブッダが生きた当時のバラモン教的考えを知る必要があります。バラモン教では、小宇宙である人間の主体として「アッタ（我）」と呼ばれるものを想定していました。それは大宇宙の主体である「ブラフマン（宇宙原理）」に呼応するもので、両者とも定義上、不易不変です。ところが、無常の項で見たように、仏教的世界観では不変の性質を持つもの、けっして変化しないものは何一つありません。ですから、私たちが経験上アッタ（「我」）と見なしているものは無常であり、それは定義上、不易不変であるアッタ（「我」）には非《あら》ず、すなわち「非我」です。

ラーフラ師は、

「因果律に従って、一つのものが消滅し、それが次のものの生起を条件付ける。その過程で、変わらないものは何一つとしてない。（すなわちすべては無常である）そのなかで、持続的「我」と呼べるようなものは存在しない。物質、感覚、識別、意志、意識(37)の中で、一つとして本当に

（不易不変な）「我」と呼びうるものがないというのは、誰もが合意するであろう。ところが、相互に依存し合うこれら五つの肉体的・精神的構成要素が相互に結合して機能する時、「我」という概念が生まれる。しかし、それは間違った考えである」と述べています。これが「非我」の本来の意味ですが、一般には「無我」という訳語から「我がない、私（という主体、魂）がない」と誤解されています[38]。

ブッダは、「我（アッタ）」ということばを、二つのレベルで使い分けていました。日常生活レベルでは、ブッダの聴衆であったバラモン教徒インド人は誰もが「我（アッタ）」「私」という意識を持っていました。その「我（アッタ）」は生涯を通じて同一であって、変わることがありません。甲さんが、乙さんに変わったりすることはけっしてありません。ですから、「我」は確かにあり、「無我」などということはあり得ません。バラモン教徒インド人に限らず、現代の私たちも「私」「我」という継続的に同一である実体、すなわちアイデンティティがあるという前提で日常生活を営んでいますし、そうでなくては社会生活は成り立ちません。ブッダはこうした「私」「我」を、相対的真理のレベルで便宜上認めていたことは確かです。そうでなければ、生涯にわたって（さらにはサムサーラを通じて継続的に同一の）「我（アッタ）」の存在を当然のこととしていた当時の一般バラモン教徒とブッダとの対話は成り立ちませんでした。ですからこれは、ブッダが用いた一種の方便と言えるでしょう。しかしブッダは、もう一つのレベル、すなわち絶対的真理のレベルでは、そのような「我(アッタ)」を認めていませんでした。無常であるのは「我」だけではなく、世界すなわち私たちが通常経験する領域では、すべてがそうです。ものごとはその本質において、たえず移ろい、変化しています。ゴンブリッチ教授は、「世界において、不変の性質を持つものは何も無い」あるいは、「我々の通常の経験において、決して変化しないものは何も無い」と述べ、「プロセス」ということばを用いていますが、まさに的確な表現です。

話が少し難しくなりましたが、ブッダが「無我」を説いたのは、哲学的な認識論・存在論としてではありません。ブッダの関心は人間の幸せであり、ブッダはたえずこの観点から話しています。人間に「我」「私」という考えが生まれると、必然的に所有という欲望が生じます。そして私有物を持つようになると、人間にはそれに対する執着が生まれます。この執着こそが人間のさまざまな苦しみの主な原因の一つ、すなわち幸せへの主たる障害です。ブッダが指摘したのは、「我」という誤った認識から生まれる執着の放棄・消滅の必要性なのです。近代的な文脈では、夏目漱石(一八六七—一九一六)が晩年理想とした「則天去私」(天則に従い我執を捨てる)という境地も「無我」に通じるものと言えるでしょう。

（37）これら五つ（色《しき》、受《じゅ》、想《そう》、行《ぎょう》、識《しき》）は仏教用語では五蘊《ごうん》と総称されます。この一々の説明は、本書の目的にとっては重要ではありませんから省きます。

（38）この用語および涅槃の誤解が、ヨーロッパで仏教が虚無主義と見なされた主な原因です。ロジェ＝ポル・ドロワ『虚無の信仰　西欧はなぜ仏教を怖れたか』（島田裕巳・田桐正彦訳、トランスビュー、二〇〇二年）参照。この本は中世から十九世紀までのヨーロッパ人の仏教・誤理解の歴史を辿った興味深い研究です。

苦しみの生起（集諦《じったい》）

前節で、苦しみとは、すべてのものごとは縁起によって条件付けられた、移ろうもの（無常）であり、実体がないものであるがゆえに、人間にはものごとを自分の思いのままにすることができず、満足できないものであることが明らかになったと思います。

人間は、すべてのものが虚仮《こけ》であるという本質を知らず、それを誤って実体と見なしています。ことに「私」「我」に対する誤った認識（＝無明）から、欲望が生まれます。ブッダは、これが苦しみが生起する根源的な要因であると見なしました。そしてこの欲望に対するさらに詳細な分析、洞察から、三毒に至りました。

三毒――苦しみの根源

ブッダは、欲望を徹底的に考察し、渇望と嫌悪と、そしてさらにその奥にある、人間が自分でも自覚できず、抑制し難い根源的な生存欲[39]に至ります。ブッダはこれらを貪瞋癡《とんじんち》[40]の「三毒」と名付けました。

三毒は、

貪《とん》(ラーガ)＝貪欲《とんよく》。好ましい対象を手にしようとする欲望。
瞋《しん》(ドーサ)＝瞋恚《しんい》。好ましくない対象を排斥しようとする怒り、憎しみ。
癡《ち》(モーハ)[41]＝無明《むみょう》。根本的・根源的な生存欲ともいえる抑制の利かないもので、ものをありのままに正しく理解しないこと。

ですが、注意すべきことは、この三者は同列に並ぶのではなく、癡がもっとも根本的なもので、貪と瞋はそこから派生して同列に並ぶものです。図示すると左のようになるでしょう。

人間の日常生活のレベルにおいては、貪と瞋という正反対の二種類の欲望が働きますが、それらが満たされないこと、すなわちものごとが思いどおりにならないことが多く、それがドゥッカ（苦）なのです。

ブッダの最大の発見の一つは、彼以前には単に欲望とされていたものを、彼独自の透徹した考察で、貪・瞋・癡の三要素に分析し、癡を根幹とし、貪・瞋はその根幹から生まれる正反対に働く二つの衝動であるという構造を明らかにしたことです。サムサーラの根幹が癡すなわち無明《むみょう》であることと、本章で説明した縁起の出発点が、同じく無明であるということとの間には合理的な一貫性が見られます。

(39) この考察は、「世界＝表象は、その根底に働く〈盲目的な生存意志〉である」と説いたショーペンハウアーと極めて近いものと思われます。「人間の根底には、無目的に人間を駆り立てる衝動、盲目的な意志があるため、人間は果てしない欲望を追いかけるが故に、常に満たされることがなく、生きることは苦となる」というのが彼の立場です。彼は「人生はこうした幸せな生活という考えに合致するものなのか、あるいはせめて合致する可能性はあるのか」という問いに対して、「私の哲学はノーと答える」という立場を貫きました。しかし、苦しみに満ちた最悪の現実を直視し、その中で人生をできる限り幸せに過ごす術として晩年に書かれたのが『幸福について』(鈴木芳子訳)です。

(40) 三語続けた場合には「とんじんち」と濁音で読むのが慣わしですが、単独の場合「瞋」は「しん」と清音で読みます。

(41) パーリ語のモーハは漢訳では「莫迦《ばくか》」と音写され、それが日本語で訛って「ばか」となり、その当て字が「馬鹿」です。現代では「言っても仕方がないことを言って嘆く」という意味で「愚癡(痴)をこぼす」と言いますが、これもモーハに由来する表現です。

執着

こうした衝動的欲望の結果として生まれるのが執着です。

ブッダの弟子の一人メッタグーが、

「世の中にある種々様々な苦しみは、そもそもどこから現れ出るのですか」

と質したのに対して、ブッダは、

「世の人の種々様々な苦しみは、執着を縁《えん》として生起する。それを理解せずに、ものごとに執着する人は愚かであり、繰り返し苦しむ。それゆえに、執着に縁《よ》って苦しみが生起する由来を理解した者は、執着しないようにする」と答えています。また別な箇所で、こうも述べています。

「人はさまざまなものを、「自分のもの」と思い、それに執着するから、悲しむことになる。なぜなら、自分が所有しているものは、常住ではないからである。この世のものは、すべて変滅する」

こうしたことからわかるように、この執着こそが、苦しみを生起させる最大の原因です。先に引用しました鴨長明は『方丈記』の最後で、

「仏の教へ給《たま》ふ趣《おもむき》は、事にふれて執心《しふしん》なかれとなり」

と述べていますが、「執心」は「執着」のことで、まさにブッダの教えの核心を突いています。

三毒を根源とするさまざまな欲望、そこから生じる執着は人間の心の正しい働きを妨げるもので、日本人の日常生活でもよく使われる煩悩（パーリ語でキレーサ）ということばで総括されます。

結論として、ドゥッカ（苦しみ）は、欲望および執着、すなわち煩悩から生起すると言えるで

しょう。

苦しみの消滅（滅諦《めったい》）

これは、ドゥッカ（苦しみ）は消滅させることができる、という真理で、「ドゥッカの消滅すなわちニルヴァーナ（涅槃《ねはん》）(42)の真理」として知られるものです。前の三節で、苦しみの生起のメカニズムが解明されたわけですから、ブッダの如理作意《にょりさい》という考察方法により、それを逆の順序で検討すれば第三聖諦すなわち「苦しみの消滅」は自ずと導き出されるものです。

『スッタニパータ』には、四聖諦を第一・二聖諦と第三・四聖諦とに二分し、その二つを対にしてこう説かれています。

ありのままの真理を知る二つの考察方法とは何であるか。

「これは苦しみである。これは苦しみの生起である」というのが、第一の考察である。（第一・二聖諦）

「これは苦しみの消滅である。これは苦しみの消滅に至る道である」というのが第二の考察である。（第三・四聖諦）

ブッダはまたこうも述べています。

縁起を逆に考察すれば、次のとおりである。老死という苦しみは、原因・条件があって生まれるものである。

それゆえに、その原因・条件がなくなれば、老死という苦しみも当然生じない。

すでに第一聖諦「苦しみの本質」で述べた縁起により、苦しみの根源的な原因が無明であることがわかりました。ですから、無明がなくなれば、当然苦しみはなくなります。これが第三聖諦「苦しみの消滅」です。

『スッタニパータ』では、上に引用した箇所に続いて、こう記されています。

この二つの考察を、怠らず、熱心に、専念して修行するものは、次の二つの果報《かほう》のうちのいずれか一つを得ることができるであろう。

一つは、現世における「目覚め(さとり)」で、もう一つは、(現世での)死後、再び生まれ変わってサムサーラの世界に戻らないことである。

(42) パーリ語ではニッバーナ、サンスクリット語ではニルヴァーナ。このパーリ語が漢訳では涅槃と音写されたのですが、現在では世界的にサンスクリット語のニルヴァーナが一般化していますから、本書でもこのカタカナ表記としました。

ニルヴァーナ(涅槃)——ことばを超えたもの

ニルヴァーナは仏教の究極の目的、最高の境地で、この理念ほどことばで多く論じられてきたものはありません。にもかかわらず、というよりはあまりにもさまざまに論じられてきたがゆえに、むしろいっそう錯綜が深まったと言った方がいいでしょう。これほど理解されず、誤解されているのはまさに皮肉です。パーリ語ニッバーナの漢訳者たちは、このことばを意訳せず、涅槃という音写で通しました。その結果、この音写からでは、原語であるパーリ語で何が意味されていたのかを論議・理解するすべがありませんでした。漢訳仏典を用い続けた日本でも当然のこととして、ただ「ねはん」という音でしか理解されてきませんでした。(ちなみにチベット人は音写ではなく、パーリ語ニッバーナの意味を理解した上で mya ngan las 'das pa「苦しみを超越した境地」と意訳しています。）

ニルヴァーナは、二元論的、相対的なことばの次元を超えたもので、私たちの一般的な善悪、正邪、存在・非存在という概念を超えています。論理と論証を超えたものである以上、いくらことばで論議を尽くしたところで、それは時間と労力の無駄にしかならず、本当の理解に至ることはできません。人間のことばは一般の人たちが日常生活で感覚器官と心で体験するものごとや考えを表すために考案され、使われるものです。しかしニルヴァーナのような絶対真理の体験といった超世俗的なことがらは、その類いには属しませんので、それを表現することばはありません。「マンゴーを食べたことのない人には、舌の上にそのひとかけらを載せずに、マンゴーのうまさを理解させることは不可能である。同様に、ニルヴァーナは自らが体験してみなければわからない」と言われるとおりです。

現在の我々に身近な一つの現象を例にあげますと、無重力の次元が当てはまるのではないでしょうか。地球上のすべての人間は重力の影響下(重力圏)にありますから重量があり、跳び上がれば必ず落下します。この次元の人間にとっては、重量がなく、浮遊したままでいられる無重力の次元(重力圏外)は、いまだかつて経験したことがありませんから、そこでの現象・経験を表すことばを持っていません。しかし、無重力の世界を体験した数少ない宇宙飛行士たちは、それを重力下の経験しかない人たちのことばで伝えざるをえません。話を聞いただけで理解できるということがらではなく、本当にわかるためには、やはり自ら無重力という異次元を体験してみるしかありません。

いずれにせよ、書物はことばを媒体とする以上、ことばなしというわけにはいきませんので、言語学的に少し説明しますと、ニルヴァーナ(*nirvāṇa*)は *vā*「消える」という動詞語幹の過去分詞形に *nir* という接頭詞がついたもので、「消える、燃え尽きる」といった意味です。燃えている火が薪がなくなったり、燃料がなくなったときに消えてしまう状況を指します。

ブッダはニルヴァーナということばを用いるとき、よく火をたとえに用います。先に二章(七四―七六頁)で引用した「すべては燃えている(火の説法)」の「貪欲の火」「瞋恚の火」「愚癡の火」の三つの火が殊に有名です。ニルヴァーナということばは、解脱(モークシャまたはムクティ)と同義で、インドのすべての宗教は、ニルヴァーナは完全な静寂、自由、最高の幸福の状態であるだけでなく、サムサーラからの解放であると主張しています。ですから、ニルヴァーナは仏教独自のことばではありませんが、仏教でもっとも用いられることばです。

ニルヴァーナを何らかのことばで表し、伝えようとすると、日常生活の普通の経験しかない人たちには、「渇望の消滅」「欲望の滅亡」といった否定的なことばで表すほかなくなります。

パーリ語の仏典中のニッバーナの定義をいくつか見てみますと、

「それは、かの渇望の完全な消滅である。渇望を諦め、放棄し、それから解放され、それに囚われないことである」

「あらゆる条件付けられたものの鎮静、あらゆる不浄の放棄、渇望の消滅、無執着」

といったものがあります。ほとんどの場合否定的なことばで表現されることが多いので、ややもするとニルヴァーナ自体が否定的なものであり、自己否定だと誤解されます。その典型的な例が、ニルヴァーナを虚無と捉えた中世から十九世紀までのヨーロッパ人の仏教誤解です(43)。そして日本人の間でも、涅槃は虚無・死と誤解している人が今でも多くいることも事実です。しかし、仏教ではそもそも否定すべき自己そのものがない(無我)のですから、ニルヴァーナはけっして自己否定ではありません。否定すべきものがあるとすれば、それは自己に関する誤った概念、幻覚です。

ニルヴァーナは、この先で説明する八正道を私たちが根気よく熱心に歩み、自らを修養し、浄化し、必要な精神的発達を遂げれば、現世においてある日、自らの内に体現できるものであって、ことばで論ずることがらではありません。それはことばを超えたもので、「賢者が自らの内に体現すべきもの」です。唐末から五代十国時代の禅僧鏡清《きょうしょう》(八六八―九三七)は、「出身は猶《な》お易《やす》かるべきも、脱体《さながら》に道《い》うは応《まさ》に難し（悟りを開くのはむしろ易《やさ》しく、その悟りをありのままにことばで表現することこそ難しい）」（『碧巌録《へきがんろく》』）と述べていますが、まさにそのとおりです。

（43）注38参照。

ニルヴァーナ——今の生で体現するもの

多くの宗教においては、最高善は死後にしか到達できません。しかし仏教の究極目的であるニルヴァーナは、今のこの生で実現することができ、到達するのに死を待つ必要はありません。ブッダ在世中には、ニルヴァーナは修行によって今世で達成する目標でした。最初の仏弟子となったコンダンニャをはじめ、数多くの弟子たちはニルヴァーナを現世で体験した人たちでした。ニルヴァーナは生きている人が、妄執を捨て、執着することなく、煩悩が消滅した静寂で平安な境地です。ブッダが重視したのは、過去でも未来でもなく、この世、今をいかに生きるかだけでした。この態度は、「未だ生を知らず、いずくんぞ死を知らん」と述べ、死後のことは問題にしなかった孔子の立場に通じるものがあります。両者にとって重要なのは、今世だったのです。

しかし時の経過とともにこの認識は大きく変わりました。ニルヴァーナは高尚すぎて、とてもこの世で実現できるものではなく、今世で善業を積み、転生して来世でも善業を積み続けて、それを何度も何度も繰り返し初めて到達可能なものと考えられるようになりました。さらには、ニルヴァーナは最終目的で、そのために修行・努力をするのですが、普通の仏教徒にはとうてい実現できない、現実味のないはるかな理念になってしまいました。

ここで仏教は大きく二派に分かれているということができるでしょう。

一つは、最終目的であるニルヴァーナが、いかに一般の仏教徒にとって手の届きそうにない、はるかかなたなものであろうと、サムサーラの中で出来るだけ善業を積み続け、それを目指していこうという意志を持ち続ける信仰形態(自力)で、これが正統派でしょう。もう一つは、ニルヴァーナは一般人(凡夫《ぼんぷ》)には到達不可能な仏・菩薩の次元と考え、自らは仏・菩薩の御加護を被り、救ってもらうことしかできないと考える派(他力)です。現在の日本仏教で、その具体的代表例を挙げるとすれば、前者は禅宗で、後者は浄土真宗でしょう。どちらも仏教の伝統を受け継ぐものですが、正反対とも言えるほど大きく異なっている――殊に実践面に於いて――ことは厳然たる事実です。

苦しみの消滅に至る道（道諦《どうたい》）――八正道

これは八項目から構成されているので、一般的に「八正道《はっしょうどう》」と呼ばれます。これらの八項目を簡単に説明しますと、

①正見《しょうけん》＝ものごとのありのままの姿を透視・理解する叡智。
②正思惟《しょうしゆい》＝正しい思考、善悪の判断。
③正語《しょうご》＝嘘をついたり、粗悪なことばを用いない。
④正業《しょうごう》＝命を傷つけたり、盗みを働いたり、不誠実なことをしない。
⑤正命《しょうみょう》＝他者を害することによって生計を立てない。
⑥正精進《しょうしょうじん》＝邪《よこしま》で不健全な心を持たず、努力する。
⑦正念《しょうねん》＝身体、ことば、心による行いをはっきりと意識し注意する。
⑧正定《しょうじょう》＝正しい精神統一、集中力。

です。

ブッダが四十五年間にわたって説いた教えは、弟子たちにとっては実質的にはこの八正道に

凝縮されます。ブッダは、さまざまな場所で、弟子一人ひとりの理解能力、実践能力、修養段階に応じて、さまざまな形で具体的にこれを説明しましたが、そのエッセンスは、この八正道に集約されます。

この八つの項目は、上に列挙した順に一つずつ実践していくものではありません。それらは、各人の能力に応じて、すべてを同時に実践しなくてはならないものです。八つは各々繋がっており、一つの実践が他の実践に役立ちますが、ブッダが重視したのはあくまですべての項目の実践です。

三　学

上に列挙した八正道は、一般的に戒定慧《かいじょうえ》の三学に分類されます。三学とは、

（一）戒（シーラ、倫理的行動）
（二）定（サマーディ、集中力）
（三）慧[44]（パンニャー、智慧）

で、以下この順に各項目を見ていくことにします。

（二）「戒」は、八正道の内の③正語《しょうご》、④正業《しょうごう》、⑤正命《しょうみょう》です。この三つの項目は、倫理的行動を形成するもので、個人および社会にとっての幸せで、調和のとれた生活を促進することを目的としています。

「戒」は、元来習慣を意味します。言うまでもなく良い習慣のことで、身につけるべき正しい行動様式を指しています。日常生活のなかで自らを律して、安易に流れたり、だらしなく崩れたりしないように心がけることで、次の「定」をするために必要な基礎的準備です。

こうした心構えからなされる倫理的行動は、ブッダの教えの基盤を形成する、生きとし生けるものへの普遍的愛と慈しみという広大な概念の上に構築されています。ブッダによれば、人間が完全であるためには、注意深く啓発しなくてはならない二つの資質があり、一つは慈しみであり、一つは叡智です。慈しみは、愛、慈善、親切さ、寛容といった情緒的な気高い資質であり、叡智とは、人間の知的な心の資質です。

もし情緒的側面だけを発達させ、知的側面を無視すれば、人は心はやさしくても、愚か者となりかねません。その逆に知的側面だけを発達させ、情緒的側面を無視すれば、他人を考慮しない無情なインテリとなりかねません。それゆえに、完全な人格を養成するためには、両者を同様に発達させねばなりません。これが仏教的生き方の目標です。そしてこの倫理的行動は、すべての精神的達成にとって不可欠な基礎と見なされ、これなくして、いかなる精神的発達も不可能です。

（二）「定」には、八正道の内の⑥正精進《しょうしょうじん》、⑦正念《しょうねん》、⑧正定《しょうじょう》が含まれます。この三項目は心的規律であり、これらによって心は律せられ、啓発され、修養されます。心がこうした状態になって初めて、人はものごとをありのままに透視する叡智を獲得するための基盤を整えることができるようになります。ですから「定」は次の最終目的である「慧」を得るための不可欠な準備段階です。

正定に関しては、この先「心の修養」（一五三頁以下）で詳しく触れることにします。ここで特に指摘しておきたいのは正念の「念」で、これはパーリ語でサティであり、最近になって欧米でmindfulnessという英語名で知られるようになったものの原語です。日本では適切な訳語がありませんので、英語をそのままカタカナ表記してマインドフルネスとして知られるようになりました。しかし、日本はもちろんのこと、欧米でも、それが仏教起源のものであることはほとんど知られていません。[45] 繰り返しますが仏教の八正道での「正念」は、自分が身体、ことば、心で行うすべてのことを、はっきりと意識し、注意することで、「気付きの状態」「目覚めの状態」と言えるでしょう。

（三）「慧」は、八正道の内の残り二項目、①正見《しょうけん》と②正思惟《しょうしゆい》です。正見とは、ものごとのありのままの姿を理解することです。そして正思惟は、すべての生きものに対する無私無欲な放棄あるいは無執着、愛の思い、非暴力の思いです。

仏教では、二種類の理解があります。私たちが一般に理解と呼んでいるのは、知識、すなわちある種のデータに基づいた、あることがらの知的把握です。これは深いものではありません。もう一つの本当の深い理解は「透視」「洞察」と呼ばれ、ものごとの本質を、名前とかレッテルなしで見抜くことで、これが如実知見です。この「透視」「洞察」は、三学の内の最初の二項目である「戒」と「定」が正しく実践され、心にいっさいの汚れがなくなり、心が完全に啓発されて初めて可能となるものです。

(44) このことばは、漢訳仏典では般若《はんにゃ》と音写されています。

(45) これは、この先「心の修養」で述べますジェームズ・アレンの『「原因」と「結果」の法則』が『ダンマパダ』にあるブッダの教えに依拠したものであることが知られていないのと同じです。

カルマ（業）＝チェータナー（意志）

カルマ（仏教用語としては業《ごう》）はブッダ以前からある汎インド的概念で、行為一般を指します。しかし仏教のカルマの特徴は、ただ行為そのものを指すだけではなく、その結果をも含めて完結する点です。カルマすなわちある行為は、いったんそれが行われると、目には見えない潜在的な力となって蓄積されます。そしてあるとき（それがいつかはわかりませんが）、何らかの形（どんな形かはわかりません）で、その善し悪しに従って楽あるいは苦という形で現れるということです。

ブッダのことばに、

賢明な人は、行いをあるがままに見る。
縁起を理解し、行いとその報いを熟知する。
世の中は、行いによって成り立ち、人々は行いによって成り立つ。
生きとし生けるものは、行いに束縛されている。
あたかも進み行く（牛）車が、（牽引する牛の）轅《ながえ》に結ばれているように。

とありますが、カルマにはそれに相応した報いがあり、生きとし生けるものはこの因果律に囚《とら》われています。

またブッダ自身は、次のようにも述べています。

人は行ったとおり、実践したとおりになるのである。
善を行う者は善人となり、悪を行う者は悪人となる。
善い行為によって善人となり、悪い行為によって悪人となる。

すなわち一言で言えば「善因楽果、悪因苦果」という因果関係です。

カルマのもう一つの特徴は、ある行為の結果は、その行為を行った本人にのみ降りかかるという徹底した自己責任性です。「彼がこうしたので、私はこうなった」といったように他人との関係は考慮されることがなく、「私はこうしたから、私はこうなった」「私は今こうすれば、私は将来はああなる」というように行為者本人だけに関わるものです。ですから「親の因果が子に報い」のように、ある人――それが親であっても――の行為の結果が、他人――それが子であっても――の上に降りかかるということはけっしてありません。

これは相互間に振り込み不可能な銀行預金口座にたとえればわかりやすいでしょう。自分で稼いだお金は自分の口座に入金すれば預金は増え、逆に引き出す額が多ければ預金残高は減ります。そして一人ひとりの口座は、お互いに完全に独立しており、相互間にはいっさい関係がなく、ある人の口座から他の人の口座に振り込むということはけっしてできません。カルマの理論は、自らの行いの責任は自らが負うという徹底した自己責任倫理で、一人ひとりのうちで完結した自律的なものです。これは、一人ひとりが自らの行為の責任者であることを諭したものので、『聖書』の「エレミヤ書」に「もう『先祖が酸《す》いぶどうを食べれば、子孫の歯が浮く』と言わないように。だれでも酸いぶどうを食べれば、自分の歯が浮く」とあるとおりです。

また、

みずから悪をなせば、みずから汚れ
みずから悪を慎めば、みずから浄まる。
汚れるのも、浄まるのも、各自の行い次第であり
人は他人《ひと》を浄めることができない。

とありますが、これもカルマ理論の徹底した自己責任性を明確に言い表しています。別の言い

方をすれば、カルマの為し手は、自らが為したカルマに永久に責任を負わねばならず、そこから逃れることはできません。それをブッダは、

善い行いの果報が熟すまでは、善人でも災いに遭うことがある。
しかし善い行いの果報が熟したときには、善人は幸いに遭う。
悪い行いの果報が熟すまでは、悪人でも好い目に遭うことがある。
しかし悪い行いの果報が熟したときには、悪人は災いに遭う。
大空の中にいても、大海の中にいても、山中の洞窟に入っても
およそ世界のどこにいても、悪い行いの果報からは逃れられない。

と述べています。

まさにブッダが重視したのはカルマですが、ブッダはこの概念に、彼以前あるいは彼と同時代の人々とは異なった、まったく新しい独自の解釈を打ち立てました。ブッダは、こう述べています。

弟子たちよ、私はチェータナー(意志)をカルマと呼ぶ。意志の指示により、人は身体、ことば、思考を介して行為する。

意志とは、善悪、あるいはそのどちらでもない行為の領域で、人に指示を与えるものです。従来はカルマは行い、行為と解釈されていました。ところがブッダは、彼自身の独創的なまったく新しい考えで、カルマは「意志」であると主張しました。そして、感覚とか識別といったことがらは意図的ではなく、結果を残さないので、そうしたものはカルマと見なさないと明言しています。たとえば茶碗を割ってしまったというのは意図的な行為ではないので、カルマとは見なされず、割ろうと思って意図的に割った行為のみがカルマです。すなわちブッダは、すべてのことば、行為、思考の、肯定的または否定的な倫理的価値は、その背後にあるチェータナー(意志)にあると主張したのです。

これに関して、私には思い出深い話があります。私は国立図書館の顧問としてブータンに十年間ほど滞在しました。その当時の館長は恩師ロポン・ペマラ(一九二六―二〇〇九)で、その温厚で慎ましやかな人格と伝統的学問の多くの分野での学識の深さで誰からも尊敬されていました。暦による吉兆占いもその一例で、さまざまな行事の日程を決めるのに相談に来る人が跡を絶ちませんでした。そのたびにロポン・ペマラはかなりの時間をかけて吉日吉時を割り出していました。政府の公式行事に関する依頼も多かったのですが、ロポン・ペマラが算出した日時は日曜日に当たることが多く、しかも時間は朝早く五時とか七時ということもよくありました。これでは多くの高官や、ときとしては外国の大使などが参列する行事には適用しにくく、せっかく算出した日時が採用されないことが度々ありました。ところが私が見る限り、ロポン・ペマラはそうしたことにあまりこだわっていない様子でした。私はこのことが今一つ腑に落ちなかったので、ある日質してみると、こんな返事が返ってきました。「日時の吉兆は厳然としてある。だからものごとはできるだけ吉日吉時に行うに越したことはない。しかし、それはあくまで二次的なことである。もっとも大切なことは心がけであり、清らかな心でものごとを行うことが最高である。だから、心がけが清ければ、かならずしも日時に拘泥《こうでい》しなくてもよい」。この心がけは、ブッダの言うチェータナーに他ならず、ロポン・ペマラはブッダが意図したことにまさに忠実でした。

ブッダは、カルマを行為そのものではなく、その動機であるチェータナー(意志)と見なしそれを倫理的な価値判断の究極の基準としました。このブッダのカルマ論は、人間の個性化の原理を提供するもので、個人の運命に対する責任が自分自身の意志にあることを鮮明にしました。

また、ブッダは意志の自発性を否定する見解も認めませんでした。こうしてブッダは、意志の自由を認めることで、自業自得論を確立しました。神などの外的要素の介入を排除し、個人自身が自らの行為、運命に責任を負うという考えは、人類史上ごく最近に至るまで、明確に主張されることも、受け入れられることもありませんでした。これはインドのみならず、世界の文明史における偉大な一歩です。残念ながらこの理論は、現在の状況を過去のカルマ(業)に遡って「後ろ向きに」解釈されることが多く、日本語で「これは宿業だ」と言うように、諦観的な響きを持つ否定的・消極的な宿命論と受け止められています。しかし本来のブッダのカルマの教えはその対極で、「いかに行動すべきか」という問いに対して、将来の自分の境遇は今の自分のカルマにかかっていると認識し、建設的に、「前向きに」理解されるべきもので、倫理的行為の推奨なのです。

心の修養

前節で見てきましたように、ブッダは、

「私はチェータナー(意志)をカルマと呼ぶ。意志の指示により、人は身体、ことば、思考を介して行為する」

とはっきり述べています。意志は日本語では心と置き替えてもよく、すべての行為の原動力は心にあると言っていいでしょう。ですから、自分の心を律することにより、自分の行動を律する必要があります。これはあくまで自分自身で自分の行為を律することで、神の命令に従うといった他律的なことではけっしてありません。

ブッダは心こそが、人間のすべての行動の出発点であり、そのすべてを規制するものであることを認識して、仏典のあちこちで心に言及しています。以下に、それらのいくつかを紹介しますと、まず『ダンマパダ』でこう表現しています。

心はすべてのものごとに先立ち、すべてをつくり出し、すべてを左右する。
もし人が、汚れた心で、話し、行動するならば
その人には、苦しみが付き従う。
車輪が、荷車を牽く牛の足跡に付き従うように。
心はすべてのものごとに先立ち、すべてをつくり出し、すべてを左右する。
もし人が、清らかな心で、話し、行動するならば
その人には、幸せが付き従う。

影が、からだを離れることがないように。

一九〇二年にイギリスで出版されて以来、世界中で今なお着実に読み続けられているジェームズ・アレン（一八六四―一九一二）の『「原因」と「結果」の法則』（坂本貢一訳）の冒頭に、

「心の中の思いが　私たちを創っている
私たちは　自分の思いによって創り上げられている
私たちの心が邪悪な思いで満ちているとき
私たちには　いつも痛みがつきまとう
雄牛を悩ます荷馬車のようにして（傍点の訳出は邦訳のまま）
もし私たちが清い思いばかりをめぐらしたなら
私たちには喜びばかりがつきまとう
私たち自身の影のようにして」

とありますが、これはまさに『ダンマパダ』の自由訳に他なりません。しかし故意的ではないにせよ、著者は出典を記していません。[46] この本は、二〇〇三年にようやく日本語に翻訳出版されましたが、訳者もこの点には触れていません。ですから今に至るまで『聖書』に次ぐロング

セラーとも言われ、「成功者のバイブル」「自己啓発のバイブル」とも見なされているこの著書の読者は、実はブッダの教えから教訓を得ているのですが、そのことに気付いていません。ジェームズ・アレンはまた「心は、創造の達人です。そして、私たちは心であり、思いという道具をもちいて自分の人生を形づくり、そのなかで、さまざまな喜びを、また悲しみを、みずから生み出しています。私たちは心の中で考えたとおりの人間になります」と述べていますが、彼は二十世紀欧米世界に現れたブッダの代弁者といっても過言ではありません。

このことに関してラーフラ師は、ブッダ自身の興味深い逸話を伝えています。

ブッダはかつてある焼き物師の小屋で一晩を過ごした。そこには、ブッダより先に一人の若いビク(乞食修行者)が到着していた。二人はお互いに面識がなかった。ブッダはビクを観察し、「この若者は立ち居振る舞いがよく、彼がどんな素性の者なのかを知りたい」と思った。そこでブッダは、こう尋ねた。

「ビクよ、あなたはどんな師を求めて出家したのか、あなたは誰に師事しているのか、あなたは誰の教えが好きなのか」

若者は答えた。

「友よ、ゴータマ姓で、ビクとなったシッダールタという名の者がいます。彼は名声が知れ渡り、完全に目覚めた人です。私は目覚めた人を追って出家しました。彼は私の師であり、私は彼の教えが好きです」

「その目覚めた人は、今どこに住まわれるのか」とブッダが尋ねた。

「友よ、北方にサーヴァッティという小さな町があります。完全に目覚めた人はそこにお住まいです」

「あなたはその方に会ったことがあるのか。その人を見れば、わかるのか」

「私はその師に会ったことはありません。ですから会ってもわかりません」

こうしてブッダは、その見知らぬ若者が家を捨て、ビクになったのは、自分自身の教えを求めてであったと知った。しかしブッダは自分の正体を明かさずに、こう言った。

「ビクよ、あなたに教えよう。注意して聴くがよい」

若者は、

「友よ、聴きましょう」

と承諾した。

そこでブッダは真理を説き明かす、もっとも素晴らしい教えを若者に授けた。

教えを授けられてから、若きビク――名前はプックサーティといった――は、相手がブッダその人であることに気付いた。そこで彼は立ち上がり、ブッダの御前《おんまえ》に進みでて、師の足許に礼拝して、ブッダとは知らずに「友よ」と呼びかけたことを謝罪した。

プックサーティは相手がブッダその人であるとは知らずに、小屋で一晩を一緒に過ごすことになり、その人から教えを聴きます。そしてその教えを聴いて、ようやく相手がブッダであることに気付き、ブッダに帰依することになりました。プックサーティは、小屋で一緒になった人の教えを理解したとき、その人が誰であるかを知りませんでしたから、本当は誰の教えかを知りませんでした。大切なことは、彼がその教えを真実だと理解したことです。

『「原因」と「結果」の法則』の読者についても同じことが言えます。読者はそこに述べられている見解を、ジェームズ・アレンのものとして受け止め、理解し、高く評価してきました。しかし、実はそれはブッダの教えだったのです。ということは、今までの数知れない読者は、知らず知らずのうちに、間接的にブッダの教えを理解し、高く評価してきたわけです。ラーフラ師は、「真実に名称《ラベル》は貼れない」として、

「仏教をどう定義しようと、大した問題ではない。仏教にどんな名称をつけようとも、仏教

であることに変わりない。名称はどうでもいいものである。私たちがブッダの教えに付けている『仏教』という名称も、重要なものではない。名称は本質的なものではない。

「名前には何があるのか？　私たちがバラと呼ぶもの
それは、どんな名前がつけられようと、甘い香りがする」

それと同じく、真実に名称は必要ない。それは、仏教のものでも、キリスト教のものでも、ヒンドゥー教のものでも、イスラム教のものでもない。それは、誰の専有物でもない。差別的で偏屈な名称は、各人が真実を理解する妨げになるし、人々に有害な偏見を抱かせる」

と述べています。ブッダによれば、本質的なのは、教え、見解なのですから、ブッダの教えがジェームズ・アレンの教えとして受け止められても何ら問題はないわけです。ラーフラ師は、「薬が良ければ、病いは治る。薬を調合した人が誰であるか、薬がどこからもたらされたかを知る必要はないのである」と述べていますが、まさにそのとおりです。

ブッダに戻りますと、彼がもっとも注目した心について、初期の仏典には多くの鋭い洞察が見られます。それらをまとめてブッダは、

心は、姿かたちなく、胸の奥深くにひそみ、とらえ難く、軽々しく

きわめて見難く、微妙で、動揺し、ざわめき、
欲するがままに、気のむくがままに
望むがままに、さすらい、制御し難い。

と述べています。このような心は、森のなかで枝から枝へ飛び移って、ひとときも落ち着かない猿にたとえられます。これが野放しの心のありさまですが、これはけっして好ましい状態ではありません。ですから、ブッダは心を制御する必要性を説いたのです。

心を修養することはよいことである。
弓師(＝弓を作る人)が矢を矯《た》める(＝まっすぐにする)ように
聡明な人は心を矯める。
私はこの心をしっかり抑制しよう。
象使いが、発情期に狂う象を鉤《かぎ》でもって調教するように。

こうして心が修養されていない状態と、よく修養された状態は、次のように形容されます。

屋根の葺《ふ》きかたが粗雑な家は、雨もりがするように
修養されていない心には、情欲が侵入する。

心の修養はインドではブッダ以前からも長い歴史があり、ブッダが出家した直後に二人の師の許で瞑想修行をしたことはすでに述べたとおりです。しかしこうした瞑想は、日常生活から逃避しており、定められた姿勢で心を集中し、「思考の停止」「無念無想」といったことが目的です。一時的な心の平安は得られても、それが終われば再び日常生活の只中に戻ってしまうもので、ブッダが求めていた平安ではありませんでした。それがブッダが当時の瞑想修行を諦めた理由でした。ですがブッダは彼以前から行われていた（そして現在でも行われている）瞑想を否定はしていません。それを取り入れた上で、自ら考案した瞑想法を加え、二種類としました。前者はシャマタ（漢訳では「止」）とよばれるインドの伝統的な修行方法で、心の作用を滅却し尽くす「思考停止型瞑想」です。後者はブッダ自身が考案したヴィパッサナー（漢訳では「観」）とよばれるもので、ものごとのありのままの姿を徹底的に考察し、透視する「洞察徹底型瞑想」です。(47)

(46)『ダンマパダ』の最初の英語全訳は、マックス・ミュラー(一八二三—一九〇〇)により一八六九年にイギリスで出版され、その後たびたび版を重ねていますから、ジェームズ・アレンはそれを読んでいたと思われます。
(47) 両瞑想の名称は、宮元啓一氏(一九四八年生)による命名を参考にしました。

シャマタ(止)

これは、自分の周りに起きている現象やものごとに心を動かされることなく、心を一つの対象に落ち着かせることで、これが深まるとサマーディ(漢訳では三昧《さんまい》と音写。集中力)が生まれ、そこからジャーナ(禅)[48]という精神的に高度な境地に至るとされます。しかしこれは仏教の究極の目的であるニルヴァーナには結びつきません。ブッダはこうした瞑想を「この世における幸せな状態」と見なしましたが、それ以上のものではありません。なぜならこうした境地は永続するものではなく、一定の時間が過ぎると元に戻ってしまうものだからです。ブッダは、

「それらは無常で、移ろうものであり、ドゥッカである」

と述べています。要するにサマーディ(三昧)やジャーナ(禅)といったシャマタ(止)は、ヴィパッサナーに入る前の準備的瞑想と位置付けられるものです。

日本仏教で瞑想と言うと、すぐに(坐)禅が想起されます。これは、日常生活を離れて、お寺の庭に面した部屋とか静かな場所で、定められた姿勢で坐り、呼吸を整えながら行う瞑想です。

(48) 漢訳では禅那《ぜんな》と音写され、その頭文字をとったのが日本語の禅です。

ヴィパッサナー(観)

もう一つの瞑想は、ヴィパッサナーとよばれ、ブッダが真に推奨したもので、瞑想というよりは、透視、洞察と理解した方がいいでしょう。これは、シャマタと違って、ある特定の姿勢を保って行う必要はなく、日常生活の只中で実践するものです。そして、これこそが仏教独自の本質的な瞑想法で、究極の真理、心の完全な解放に連なるものです。

これに関しては、ラーフラ師の的確な説明がありますから、それを引用することにしましょう。

心的修養の、重要で、実践的で、有益なもう一つの形は、公私を問わず、仕事中であるかどうかを問わず、日常生活ですること、話すことを十分に意識し注意することである。歩く、立つ、坐る、横たわる、眠る、身体を曲げる、伸ばす、周りを見る、服を着る、話す、沈黙する、食べる、飲む、トイレに行くなど、すべての行いに対して、それをする瞬間にそれを意識することである。すなわち、今この時点で、今行うことに集中する、ということである。これは、過去・未来を考えるべきではない、というのではない。その逆で、現在と今行うことと関連して、ふさわしい時、ふさわしい場で、過去・未来のことを考えるべきである。

一般に、人は自分が行うことに、あるいは現在に生きていない。人は過去あるいは未来に生きている。人は今ここで何かをしているように見えても、頭の中ではどこか別なところで、問題や心配事を思い浮かべながら生きている。普通の場合には、それは過去の記憶であり、未来への願望であり、思惑である。それゆえに、人は今行っていることに生きていないし、それを楽しんでいない。だから人は現在、今している仕事が楽しめず、不満で、していることに全注意を集中できない。

この中で「すべての行いに対して、それをする瞬間にそれを意識すること」というのは先(一四五頁)に述べましたサティ(現代の英語表現ではマインドフルネス)で、これこそがもっとも重要なことです。人が生きるのは、過ぎ去った過去の記憶の中ではなく、まだ実現されていない未来の夢の中でもなく、今この瞬間です。今のこの瞬間に集中して全力で生きる人は、人生を全うしている人であり、もっとも幸せな人です。これに関してラーフラ師はこうも述べています。

気付きあるいは自覚といっても、「私はこれをしている」「私はあれをしている」といつも思い、意識することではない。その逆である。「私はこれをしている」と思う瞬間、あなたには自意識が生まれ、行っていることにではなく、「私は存在する」という考えに生きている。その結果、行いはだめになる。あなたは自分を完全に忘れ、今行っていることに自分を没入しなければならない。

私たちの活動に関する気付きあるいは自覚に関してブッダが教えたことは、今の瞬間、今していることに生きることである。この瞑想法では、気付きあるいは自覚を発展するのに、ことさら何かを行う必要はなく、自分が行うことにたえず気を使い、自覚するだけである。

ブッダは弟子たちが、静かで質素な生活を送っていながら、顔色が輝いているのはどうしてかと尋ねられ、こう答えています。

彼らは過去を悔やまず、未来のことで気を病まない。彼らは現在を生きている。だから彼らの顔色は輝いている。愚かな者たちは、未来のことで気を病み、過去を悔やんで、青々とした葦が刈り取られて、陽に当たって枯れてしまうようなものである。

いずれにせよ、ブッダは心の修養の重要性をはっきりと認識しており、それを欠かしませんでした。次の話が、それをよく物語っています。

あるところに一人のバラモンがいた。ある朝のこと、彼は村びとに食べ物を分配していたが、ブッダが托鉢している姿を目にして、歩み寄って言った。

「私たちは畑を耕し、種を蒔いて、食を得ている。あなたも、みずから耕し、種を蒔き、食を得てはどうか」

すると、ブッダはさらりと答えた。

「私も、耕し、種を蒔いて、食を得ている」

それを聞いて、バラモンはわが耳を疑うように、問い返した。

「しかし、私たちの誰一人として、あなたが畑を耕したり、種を蒔いたりする姿を見たことがない。いったい、あなたの鋤《すき》はどこにあるのか、あなたの牛はどこにいるのか。あなたは何の種を蒔くのか」

それに対して、ブッダは答えた。

「信仰はわが蒔く種である。

智慧はわが耕す鋤である。

身口意《しんくい》の悪業《あくごう》を制するのは、わが畑の除草であり、

精進《しょうじん》はわが牽く牛である。

正しい行いは、安らかな心をもたらす。

荒れ地を開墾し、耕して畑として、ゆたかな収穫をあげるのが農業の営みである。

心という荒れ地を開墾し、うるわしい人格を形成し、ゆたかな生を生きるのが私の営みである」

これを聞いて、バラモンはブッダに帰依した。

「人はパンのみに生きるにあらず」というキリストのことばを待つまでもなく、人間が意義

ある生活を送るためには、心は、食と同じくあるいはそれ以上に大切です。しかしながら、ブッダの時代にあっても、往々にして農民の営み、商業活動、生産活動といった実利的な生活の方が重要視される傾向がありました。それに対してブッダは、自らを卑下することなく、農民が「食の耕作者」であるならば、自分は「心の耕作者」であると言い切ったわけです。産業革命以後、人類は工業生産・技術革新面の発展にそのエネルギー、才能、関心の大半を費やしてきました。その恩恵を受けて、私たちの物質面での生活は格段に快適となったことは事実です。しかし、その負の副産物として、心の荒廃、人間性の疎外といった精神面での問題が生まれてきているのも同じく事実です。私たちは今こそ立ち止まって、「心の耕作者」を自認したブッダのことばに耳を傾けて、心の問題に取り組むべきではないでしょうか。

ブッダは心を健全に保ち、平衡、静謐を生み出すことがすべての基盤であると考え、そのための方法、すなわち修養《バーワナー》、ことに彼自身が考案したヴィパッサナーに重きを置きました。なぜなら、この修養によって、心が整えられ、清らかで汚れがなくなるからです。健康な体が作られ、保たれるのには、スポーツや筋トレのような継続的、日常的な訓練が必要です。心に関しても同じで、ヴィパッサナーにより心が日常的に修養されてはじめて、ものごとのありのままの姿を透視する智慧が生まれます。そしてそれによって「目覚め」ることができ、仏教徒の究極の目標であるニルヴァーナ（涅槃）に到達することができます。ヴィパッサナーは、前述のシャマタとは異なり、日常生活を離れて行うものではなく、生活の中で、生活をしながら行うものです。「仏道とは何か」という弟子の質問に対して、師匠が「平常心是道」と答えたという禅の話がありますが、ヴィパッサナーとはまさに日常生活の中で心を修養することに他なりません。

清らかで汚れのない心は一旦整えればそれでいいというわけではありません。私の恩師ロポン・ペマラが「鏡は磨き終わるや否や、曇り始める」と言われたように、鏡は磨かれた直後はものごとをはっきりと映し出しますが、やがて曇ってきます。心も同様で、一度修養すればいいというのではなく、怠ることなくたえず継続的、日常的に修養を続け、汚れのない清らかな状態に保つ必要があります。そうすることによって、いつでも清らかな心で生活を営むことができます。しかし修養といっても、けっして堅苦しい自制的なものではありません。チベット語で瞑想修養のことを「ゴム」といいますが、これは「（心を）慣れさせる、馴らす」ということで「習慣」と訳すことができます。すでに三学（一四三頁以下）の項で見ましたように、身につけるべき正しい行動様式を指す戒の本来の意味は「習慣」です。すなわちこうした心の修養は、日頃から心を健全に働かせることを習慣づけるということです。よい習慣はよい習性を形成し、よい習性からよい行為が生まれ、よい行為からよい人生が生まれます。日本語で何かよいことが起こったときに「日頃の心がけがよかったから」「平素の心がけのおかげ」と言ったりしますが、それはこれに通じると言えるでしょう。

四無量心

心がけに関しては、次の四項目からなる四無量心《しむりょうしん》があります。

(一)慈無量心《じむりょうしん》=他人《ひと》を慈しむ心。
(二)悲無量心《ひむりょうしん》=他人の苦しみに同情する心。
(三)喜無量心《きむりょうしん》=他人の幸福を喜ぶ心。
(四)捨無量心《しゃむりょうしん》=他人を差別しない心。

これらの四項目は、他人を思いやる利他心で仏教徒が日々の生活でたえず心がけねばならないことです。これを実践することで、人は自分を救済するばかりではなく、他人を救済することになります。ブッダが慈悲について語る仏典があまりないので、どこか温かみに欠けていると誤解されますが、この四無量心はブッダが説いた非常にポジティブで、人を苦しみから解放し、最高の至福に導く効果的な方法です。ブッダは、これこそがニルヴァーナすなわち最高の平安に直結する道であると説いています。『慈経』（慈しみについての経）という短い経典がありますが、これは現代のスリランカでは毎日学校で読誦されています。それほど「慈」（および他の三項目）の心は仏教徒にとって重要視されています。

ユマニスム

仏教の真髄は、本書で何度も言及しましたワールポラ・ラーフラ師、ダライ・ラマ十四世などのことばで十分に説明されていますので、それ以上に何かを加えることはありません。しかしフランス国立科学研究センター（CNRS）で四十年にわたって研究に従事し、フランス文化に慣れ親しんだ私には、個人的に思い浮かぶことがあります。それはユマニスム（*humanisme*）です。このフランス語のことばは、日本語では人本主義、人文主義、博愛主義などと訳され、英語のヒューマニズム（*humanism*）やヒューマニタリアニズム（*humanitarianism*）と同様に用いられています。しかしそのいずれもがユマニスムとは異なったものですし、本来の概念を正しく伝えてはいません。しいて言えば、人間を中心に考える、より人間的なものを追求するという意味で、「人間主義」と訳すのがふさわしいでしょう。しかしここでは、あえてフランス語の形を使わせてもらいます。（ユマニスムに関しては、二十世紀の偉大なフランス文学者渡辺一夫氏〔一九〇一―一九七五〕に負うところが大きいことを記しておきます。）

ユマニスムは、ヨーロッパのルネサンス期頃のキリスト教神学者たちが議論のための議論に夢中になり、あまりに瑣末《さまつ》な論争に明け暮れているのを前に、若い神学者たちが「それはキリストとなんの関係があるのか」と問いかけたことから始まりました。そして、「もっと人間らしい学芸（*litterae humaniores*）」を求めたところにその初期の姿があります。渡辺一夫氏は、

「ユマニスムとは、堂々たる体系をもった哲学理論でもなく、尖鋭《せんえい》な思想でもないようである。ユマニスムとは、わたしたちがなにをするときでも、なにを考えるときでも、かならず、わたしたちの行為や思考に加味されていてほしい態度のように思う」

と記しています。また、次のようにも述べています。

「ユマニスムは（中略）語原問題からすれば、明らかにヨーロッパのものですけれども、内容的には、おそらくどこの国でも、人間の名に値する人々、心ある人々ならば、当然心得ているはずのごく平凡な人間らしい心がまえだとも考えています。

儒教や仏教の伝統によって築き上げられた東洋文化のなかにも、かならずユマニスムに該当

するものが、それ相応のことばによって示され、しかるべき相当の人々によっていだかれているにちがいありません。そして、それは、××主義というような訳語ではぴったりしないと感ぜられるほど、平易な人間の心がまえにほかならないような気がいたします」

人間の本質の追究を旨とする実存主義の担い手であった二十世紀を代表する哲学者ジャン゠ポール・サルトル（一九〇五―一九八〇）は「実存主義はユマニスムである」と言いましたが、仏教はまさにユマニスムに他なりません。

フランス人東洋学者アンドレ・ミゴ（一八九二―一九六七）はその著『ブッダ』の中で、「仏教は、人間が自らの努力で自らを完全に解放することを目指すユマニスムである。その平和、寛容、思いやり、生きとし生けるものへの慈悲という理想が、私たちのややもすると残忍な社会に広まることにより、その役割が果たされることが求められている」と述べています。

また「私の宗教の教会は心、教えは慈悲である」と宣言するダライ・ラマ十四世が提唱する「脱宗教的・世俗的精神性」も、まさにユマニスムに他なりません。その意味でブッダは紀元前五世紀のインドが生んだユマニストの大先駆者であったと思います。彼の特異な点は、単に哲学的・思想的なユマニスムを説いただけでなく、みずからが立派なユマニストであったのみならず、すべての人がユマニストとなるための実践体系を提唱したということです。

ブッダの教えと実践体系は、時代と地域を問わず、人生をよりよく、より人間的に生きたいと願うすべての人にとって意義のあるものです。ブッダの時代から二千五百年近くが経ち、グローバリゼーションの時代といわれる今日になっても、それは変わることなく、ブッダのメッセージはすべての人間が、幸せで、充実した人生を生きるための指針であり、まさに幸福のレシピだと確信します。

四章　仏教徒の生き方

誰にでも実践可能な生き方

仏教は崇高な教えにはちがいないが、今日の経済中心の消費社会に生きる普通の人間には実践できないと思われがちです。そして本当の仏教徒になるには、仕事を辞めて出家しなくてはならないと考えている人たちがいますが、それは間違いです。すべての人が家庭生活を捨てて出家し、社会生活から退いたのでは、人間社会の経済的基盤が崩壊してしまいます。ブッダの教えが現代の一般人にとって実践できないものなら、それは意味がありません。ブッダ在世時代に、遊行者ヴァッチャゴッタは、普通の社会生活を営む男女がブッダの教えを実践できるかどうか、と単刀直入に尋ねました。それに対してブッダは、一人二人ではなく、多くの男女が普通の生活を営みながら高度な精神的段階に達した、と答えています。このことからも、本来の仏教は普通の一般人にも実践できるものであることがわかります。

一切衆生悉有仏性

このことはブッダ在世中にブッダの教えにじかに接した人たちには自明のことでした。それがゆえに、さまざまな職業に就き、境遇を異にする多くの老若男女が弟子となり、ブッダの教えを指針として生活しました。そして最高の境地であるニルヴァーナに達しましたし、ニルヴァーナは生きている間に達成すべき目標でした。

時の経過とともに、ニルヴァーナはあまりにも高い理想であり、とても生前に到達できないものと見なされるようになりました。ジャータカ(ブッダの前世譚)からわかるように、何回も何回も生を繰り返し、善い行いを積み上げてしか実現できない、普通の人には手の届かない目標となってしまいました。

しかしブッダの教えは誰にでも開かれたものであるという考えは、仏教の基底に脈々と生きています。それをはっきりと提唱しているのが、大乗仏教の一切衆生悉有仏性《いっさいしゅじょうしつうぶっしょう》という理念です。これは、すべての生きもの(一切衆生)——といってもブッダの教えを聴くことができる生きものということで人間が念頭に置かれています——には、一人ひとりがブッダとなる、すなわち「目覚めた人」となる可能性(仏性)が潜在している、という思想です。潜在的に内蔵されているとはいえ、普通の人はそれに気付かず、それを啓発し開花させようとはしていません。それが凡夫として、煩悩に囚われ、この世界に彷徨《さまよ》っている状態です。しかし「才能に目覚める」と言われるように、自らに潜在する仏性に気付き、それを開花させるための修養を積めば、誰でも「目覚めた人」となることができます。大切なのは、自分の内に眠っている可能性を自覚し、修養を積むことです。

出家者集団（僧伽《そうぎゃ》）

では、普通の生活を営みつつ仏教を実践できるのなら、ブッダはどうして出家者の集団（僧伽）を設立したのか、と疑問に思う人もいるでしょう。普通の生活を営む人は、他人への奉仕だけに専念するわけにはいきません。それができるのは、出家して家族的責任がなく、世間的絆を持たない人たちです。彼らは、単に自分の精神的、知的発達のためだけではなく、他人への奉仕のために全人生を捧げることができます。

このことに関連して、ダライ・ラマ十四世は次のように述べています。

宗教者の大半は家庭生活を放棄します。多くの宗教で独身であることは重要と見なされます。実際上、独身を規定する誓願は、それを立てる人を日常生活に縛りつける絆から解放します。僧侶や尼僧は、世俗生活から解き放たれ、人目を気にする必要がありません。服装に費用はかかりませんし、物質的必要も最低限ですみます。

結婚していれば、望むと望まざるとにかかわらず、人はいくつかの社会的心配事の虜《とりこ》になります。一人のときより出費もずっと嵩《かさ》みますし、使えば使うほど、よけいに働き、計算し、計画しなくてはなりません。もっと働いて、計画すればするほど、逆境に直面し、他人を害する行動を取ろうと思うようになることもあります。家庭生活を棄てて、たとえば一日に五回か六回祈り、読み、瞑想し、世俗的な活動や目的をほとんど持たないキリスト教の尼僧、僧侶のような世捨て人の生活に移ることには、大きな利点があります。

独身の誓願を守る人は、他人を助け、病人の世話をするために、全面的に自分を捧げられます。夫も、子供も、家族もなく、全時間を貧しい人のために捧げたマザー・テレサ（一九一〇—一九九七。一九七〇年度ノーベル平和賞受賞者）のことを想います。家族がいると、ずっと難しくなります。その気はあっても、家事があり、子供は学校に行くし、その他諸々のことがあります。

あらゆる宗教は、世俗的な日常生活を送りながらでも実践できることは確かですが、独身の身分を保ちながら修行に専念できるほうが、世俗生活を営む在家信者よりも利点があることはどの宗教でも同じでしょう。世界中に広まったさまざまな仏教形態においても、けっして在家信者を貶《おとし》めるわけではありませんが、出家者集団(僧伽)に優位が与えられていることには変わりありません。

出家僧は、いってみれば修行を生業《なりわい》とし、自らが模範的仏教徒として生きることにより、在家信者に対する見本となる使命があります。ブッダ(仏)はよく医師にたとえられます。その場合、彼の教え(法)は処方薬であり、僧侶たち(僧伽)はそれを患者に与えることを使命とする看護師チームです。事実こうした伝統の中で生き、その責を全うした数多くの僧侶の言動は称賛に値し、それゆえに信者から尊敬されてきました。喜捨により支えられ、法要・儀礼を営む出家僧の集団である僧院・寺院は、歴史の歩みとともに、人々の精神的中心となってきました。寺院には、仏像を安置した伽藍があり、仏塔が建立され、それ自体が芸術的にも非常に価値のあるものです。しかしこうした仏像、仏画、仏閣は、本来は人としての歩む道を教えてくださったブッダや各宗派の開祖など諸々の師を追憶し、敬意を捧げるためのものです。それを忘れての物見遊山には参拝の意味はまったくないでしょう。また僧院では、さまざまな、ときとして非常に手の込んだ荘厳な儀式が営まれます。こうした伝統的な慣習も、それ自体は本質的なことではありませんが、宗教的感情を呼び覚ますという点においては意義があるでしょう。しかし単なる無形文化財、観光目的のアトラクションではけっしてありません。

三宝帰依《さんぽうきえ》

仏教徒になるのには、キリスト教での洗礼のような特別な入門儀礼は必要ありません。ブッダの教えを理解し、その教えが正しい道だと確信して信頼し、それを実践する人はすべて仏教徒です。仏教徒とは、まず最初に、

「私はブッダに帰依いたします。
私はダルマに帰依いたします。
私はサンガに帰依いたします」

という三帰依文を三度唱え、仏法僧の三宝に帰依した人です。この三宝帰依は、どこの仏教圏でも明確な自覚を持って行われています。ところが日本では、このもっとも初歩的な必要条件を満たしている人はほとんどおらず、ただ単に、自分の家が禅宗であるとか、日蓮宗であるとかといった宗派の認識に留まっています。中には、自分の家の宗旨すらわからずに、家に仏壇があって、どこかのお寺と関係がある程度の知識、関心しかない人もいます。これでは仏教徒とは名乗れないでしょう。

五　戒

日常生活では、在家信者は五戒、すなわち、

(一)不殺生戒《ふせっしょうかい》　生きものを殺したり傷つけない。
(二)不偸盗戒《ふちゅうとうかい》　与えられていないものを盗み取らない。
(三)不邪婬戒《ふじゃいんかい》　不倫などの不道徳な性行為をしない。
(四)不妄語戒《ふもうごかい》　嘘をつかない。
(五)不飲酒戒《ふおんじゅかい》　アルコール飲料を飲まない。

を守ることが必須条件です。この戒を守る誓約をすると、「戒名」を受けます。これはそれまでの名前とは異なる仏教徒としての新しい名前で、自分の姓を、ブッダの出自氏族名であるシャーキャ「釈《しゃく》」に変え名前も新しくして「釈 某《しゃくなにがし》」とするのが一般的です。(49)

熱心な在家信者にはこれに加えて、

(六)昼食後は食事をしない。

(七)歌舞音曲を見たり聴いたりせず、装飾品、化粧・香水など身を飾るものを使用しない。
(八)地面に敷いたベッドだけを用い、贅沢な寝具や座具でくつろがない。

という三つの戒を加えた八斎戒《はっさいかい》が勧められます。(この場合、不邪婬戒は、配偶者との性交渉も慎むことが求められます。)ただしこの三戒は毎日ではなく、各月の八、十四、十五、二十三、二十九、三十日の六斎日《さいにち》(ウポーサタ。漢字では布薩《ふさつ》と音写)に限られます。そして見習い僧(沙弥《しゃみ》、沙弥尼《しゃみに》)には十戒が、正式な僧侶(比丘《びく》、比丘尼《びくに》)には具足戒《ぐそくかい》と呼ばれるさらに多くの戒が課されます。

出家僧となるためには、さらに慎重に処遇されます。年齢は十四歳(特別な場合は七歳)以上二十歳未満で、両親からの反対がないのが前提条件です。そして心身的にも健康で、出家僧団で四カ月間の試験期間を終えて、確かに仏教の信仰を持っていることが確認された上で、初めて出家者となることが許されました。

こうした戒律の重要性に関して、ブッダは自分が亡くなった後のことを心配する弟子たちに、次のように述べています。

私があなた方に説いた教えと、私が制定した戒律とが、私の死後にあなた方の師となるものである。

しかしブッダはこうした戒律に対して、非常に柔軟であり、臨終を前に、弟子たちに次のように言い残しています。

私が亡くなったのちには、もしもあなた方が望むなら、些細な箇条は廃止しても構わない。

同様なことはある仏典に、次のように記してあります。

戒律は私が制定したものであるとはいえ、別な地域で適応できないものであれば、遵守しなくていい。

仏教の戒律はブッダが制定したものであるから金科玉条のように厳守しなくてはならないも

のではなく、時代、土地、状況に応じて適宜廃止・変更しても構わない、むしろそうすべきであるということです。その精神に反しない限りにおいて、柔軟に適応されるべきものです。

(49) 歌人として知られる折口信夫《しのぶ》(一八八七―一九五三)が釈超空と名乗ったような例。キリスト教では、洗礼を受けるときに加えられるクリスチャン・ネームが「戒名」に該当するでしょう。不可解なことですが、日本では生前ではなく、葬式の時に故人に戒名を授けるのが慣習になっています。三宝帰依をする人も稀な日本では、生きている間に戒名を受ける人は皆無に近いと言えます。これは完全に本末転倒しています。

生活規範

仏教徒としての生活規範は、いま見た五戒と、三章(一四二―一四三頁)で述べた八正道の内なかんずく③正語すなわち嘘をついたり、粗悪なことばを用いないこと、④正業すなわち命を傷つけたり、盗みを働いたり、不誠実なことをしないこと、そして⑤正命すなわち他者を害することで生計を立てないことに集約されていると言えるでしょう。

五戒の内(二)不偸盗戒、与えられていないものを盗み取らない、(三)不邪婬戒、不倫などの不道徳な性行為をしない、そして(四)不妄語戒、嘘をつかない、という三戒は仏教に限らず他の宗教でも、そしてどの社会でも厳守すべきもので、守らなければ犯罪となります。

殺生《せっしょう》

最初の不殺生戒に関しては、いくつか留意したいことがあります。まずは、自分自身が生きものである以上、自らを殺す行為すなわち自殺は当然のこととして戒められます。

また罪人といえども生きものに変わりありませんから、死刑という法制上の殺生も仏教では禁止、廃止されて然るべきものです。死刑制度がある国・社会では、死刑という極刑は犯罪の抑止になるということで正当化されています。しかし死刑が犯罪の発生率を効果的に減らす機能を果たさないことは、過去の事例から証明されていますから、死刑の存在意義はありません。

ダライ・ラマ十四世は、こう述べています。

「私の立場は、死刑は多くの理由から許しがたいというもので、私はいつか世界中で死刑が廃止されるのを真剣に願っています。死刑は、死刑囚にあやまちを償う可能性をなくしてしまう、非常に重大な行為です。犯罪者は他の人と同じく人間であり、私たちが状況によっては悪くなるように、彼らも状況によってはよくなる可能性があります。彼らにチャンスを与えましょう。いつまでも有害で、どうしても処刑しなければならない存在だとは考えないようにしましょう」

またいまだに多くの人が、残虐な加害者にはその報いとして法的に極刑がしかるべきである、と思っています。しかしこれはブッダの教えからは遠いものです。改めて、

「じつにこの世においては、怨みは怨みによって消えることは、ついにない。怨みは、怨みを捨てることによってこそ消える。これは普遍的真理である」

というブッダのことばに耳を傾け、被害者の家族、友人は、勇気を持って加害者に対する寛容の心を持つべきでしょう。そうすることによってこそ、怨みといった否定的な感情も鎮まり、救われることでしょう。

また現時点では、社会にとって欠かすことができない漁業や牧畜業に従事する人は、いってみれば殺生を生業としているわけで、不殺生戒を守ることは到底できません。またネズミ、ハエ、蚊、ゴキブリなどは人間生活を脅かす生きもので、それらを殺すことは快適で安心できる日常生活にはやむをえません。こうした状況の中では、不殺生戒は完璧に守ることは不可能ですから、不要で無益な殺生は慎むという心がけと解釈して差し支えないでしょう。

重要なことは、生きものに対する慈しみの心を忘れないことです。これに関して、思い浮かぶのは「若き童謡詩人の中の巨星」と称えられた金子みすゞ（一九〇三―一九三〇）の「大漁」と

いう次の詩です。

朝焼小焼だ
大漁だ。
大羽鰮《おおばいわし》の
大漁だ。
浜はまつりの
ようだけど
海のなかでは
何万の
鰮《いわし》のとむらい
するだろう。

大漁という人間にとっては喜ばしいことは、魚にとっては多くの命が奪われることで、弔《とむら》いなわけです。殺生しながら、殺生される生きものを慈しむというのは確かに矛盾した面がありますが、人間としてただ肉を食べるというのではなく、同時にそれによって命が奪われている、殺生されている生きものに対する慈しみの心を忘れないというのが仏教徒の態度でしょう。

肉　食

不殺生戒と直接的には関連しませんが、当然のこととして肉食も問題になります。仏教では生きものを殺生することは厳しく禁止されていますが、肉食が一概に禁止されているわけではありません。例えばチベット仏教では、僧院でも肉抜きのいわゆる精進料理ではなく、肉がよく振る舞われます。これはチベットという極寒の風土では農業はほとんど不可能で、出家者、在家者を問わず栄養源は必然的に動物の肉や乳に頼らざるを得ないという自然的な条件に由来します。ブータンのように農業が盛んな国でも、肉は好物で御馳走です。ただし、毎月の特定の日、あるいは毎年の特定の月には、肉を断つことが推奨されます。

レオナルド・ダ・ヴィンチは食べ物について、「厳密に言えば、人間存在も動物存在も食べ物を探し求める旅に過ぎない。自らの命は、他のものの命の犠牲によって維持されている」と述べています。そしてこの無慈悲な現実を踏まえて、人間は究極的には肉食をやめるのが望ましいと言っていますが、ブッダの立場に通じるものがあります。

暴力

不殺生戒は、単に生きものを殺さないというだけにとどまらず、生きものを傷つけないということであり、当然武力・暴力も戒められます。これはブッダが生涯を通じて厳守したことです。ブッダ自身にとってこの上なく悲しかったであろう出来事があります。それはブッダ自身の母国のシャーキャ氏族がほぼ全滅させられたことです。殺戮《さつりく》の主人公はコーサラ国の王子ヴィルーダカで、彼は父王プラセーナジットから王位を奪うや大軍を率いてシャーキャ国のカピラヴァスツに攻め込みました。ブッダはそれを事前に知り、コーサラ国の軍隊が通る道路沿いの一本の枯れ木の木陰に坐って待っていました。それを目にしたヴィルーダカは、「もっと葉の生い茂った木があるのに、どうして木陰もほとんどない枯れ木の根本に坐っているのか」と尋ねました。するとブッダは物静かに「親族の陰は涼しいかな」と答えました。(それなのに、その涼しい木陰を作ってくれる私の親族という木を、あなたは切り倒そうとしている、という)ブッダの意図するところを理解したヴィルーダカは、進軍を止め、引き返しました。二度目もブッダが同じように坐っていましたから、ヴィルーダカは再び踵《くびす》を返し、計画を中止しました。三度目も同じことになりました。しかし四度目にヴィルーダカはブッダを無視し、シャーキャ族を殺戮したと伝えられています(50)。

おそらく伝説かと思われますが、コーサラ軍の攻撃への防御に際して、弓に長けていたことで知られていたシャーキャ族が放った矢はほとんど敵兵を射ることがありませんでした。仏教徒であったシャーキャ族は、戦闘においても敵を殺《あや》めようとしなかったのでしょう。

ブッダもその出身氏族であるシャーキャ族も、「目には目を」といった態度は取らず、武力に対しても武力で応じることはしませんでした。

この態度はダライ・ラマ十四世にもみられます。一九五九年の中国によるチベットの武力制圧・併合により、彼は祖国を逃れインドに亡命を余儀なくされました。しかしその後三十年にわたる主権・独立の奪還に向けての抗争で武力に訴えることはありませんでした。この態度に対して、一九八九年にノーベル平和賞が授与されたことは記憶に新しいことです。

こうした態度は、ブッダは祖国を滅亡から救うことができなかったこと、そしてダライ・ラマは祖国の独立回復を果たせないでいることから、弱々しい無力な態度と見なされがちです。しかしかならずしもそうではなく、それによって勝利を勝ち取った例もあります。マハトマ・ガンジー（一八六九―一九四八）の例がそうで、彼はインドを植民地支配していたイギリス政府に対する武力を用いない不服従運動により、見事にインドの独立を勝ちとりました。これは非暴力主義の輝かしい成果です。国連は二〇〇七年に彼の誕生日である十月二日を国際非暴力デーに制定することにより、その行動を顕彰しています。

いずれにせよ、その結果の如何にかかわらず、武力に対して暴力で応じることよりも、武力に対しても非暴力であることの方が、人間として崇高な行為であることは間違いないでしょう。ユマニストであった渡辺一夫は、「寛容《トレランス》は自らを守るために不寛容《アントトレランス》に対して不寛容《アントトレラン》になるべきか？」という長いタイトルの論考の中で、「寛容が自らを守るために、不寛容を打倒すると称して、（中略）不寛容を以てした結果、双方の人間が、逆上し、狂乱して、避けられたかもしれぬ犠牲をも避けられぬことになったり、更にまた、怨恨と猜疑《さいぎ》とが双方の人間の心に深い褶《ひだ》を残して、対立の激化を長引かせたりすることになる」例が人類の歴史上数多くあったことに触れています。そしてそうした事態は今後もあるであろうことを覚悟した上で、「それは確かにいけないことであり、我々が皆で、こうした悲しく呪わしい人間的事実の発生を阻止するように全力を尽くさねばならぬ」と述べています。また、「人間の歴史は、一見不寛容によって推進されているようにも思う。しかし、たとえ無力なものであり、敗れ去るにしても、犠牲をなるべく少なくしようとし、（中略）不寛容の暴走の制動機となろうとする寛容は、過去の歴史のなかでも、決してなかったほうがよかったものではなかった筈である。（中略）寛容の武器としては、ただ説得と自己反省しかないのである。(中略)寛容は、自らを守るために不寛容に対して不寛容になってよいということを、論理的にでも否定する人々の数を、増加せしめねばならない」と結論しています。こうした態度は、現実においてはけっして容易なものではありませんが、それがユマニストであったブッダが説いたことです。私たちは、神の名の許に不寛容となり、血で血を洗う無慈悲な抗争・戦争が何度も繰り返されたことを知っています。仏教にはその長い歴史を通じて一度たりとも他宗教を弾圧したことがなく、一滴の血も流されなかったのは、大きな慰めであり、それはブッダの非暴力、寛容の教えに由来するものです。(皮肉なことに、仏教内部の宗派間の抗争においては、時としてそうではなかったのは遺憾なことです。)

(50) この話自体にさまざまな伝承があり、史実なのかどうかもはっきりとはしませんが、この話と関連して今の日本語にも生き続けていることばがあります。それは「仏の顔も三度まで」という表現です。『広辞苑　第七版』によれば、「いかに温和で慈悲ぶかい人でも、たびたび無法を加えられれば、しまいには怒り出す」とありますが、歴史的背景からするといささか見当外れの感がありますす。この故事からすると、その真意は「無理な依頼や願い事も、三度までは聞き入れることができても、それが限度で、四度目には聞き入れることはできない」でしょう。

飲酒

五戒の内最後の不飲酒戒に関しては、少し趣が異なります。「仏教徒であるためにはお酒を飲んではならないというのであれば、私はとうてい仏教徒にはなれない」、あるいは「お酒を断《た》ってまで、仏教徒になりたくはない」という人が多いでしょう。酒は「百薬の長」といわれ健康面でも推奨され、食事をより楽しいものにするといった肯定的な面があります。ですから現代的コンテクストでは、飲酒を絶対的に禁じるということは社会的にも一概に認められないものです。現に仏教国ブータンでは信仰の篤い仏教徒でもお酒は大いに楽しんでいます。ただし度を越した場合のリスクを考慮して、酒は慎んで飲まなければならないという点は十分に認識されています。これに関して、あるブータン人から次のような興味深い話を聞いたことがあります。

「私は五戒の内、不飲酒戒がもっとも重要と考えているので、絶対にお酒は飲まない。その理由はというと、こんなことがあったからだ。ある晩、老婆と娘の二人住まいの家に、一人の男が泊まった。彼は出された酒をしこたま飲んだあまり、自制心をなくし、嘘をついたり、いい加減なことを言い始め、さらに酒に飲まれて老婆を殺《あや》め、娘を犯し、金品を盗んで立ち去った。つまり彼は酒を飲んだあまり、五戒の内、不殺生戒、不偸盗戒、不邪婬戒、不妄語戒の四つを犯すことになってしまった。そのすべての発端は飲酒にあるので、不飲酒戒こそがもっとも大切だ」

彼の立場は、

「酒は人をして狂酔せしめるものであるのをわきまえ、酒を慎め。

不飲酒の教えを尊《とうと》ぶ者は、他人《ひと》をして飲ませてもならず、他人が飲むのを容認してもならない。

愚か者は、酔いのために悪事を働き、他人をして悪事を働かせる。

この禍《わざわい》の起こる源を避けよ。愚か者から愛好され、人を狂わせる酒を避けよ」

と諭したブッダの教えに忠実です。しかし彼の場合はブータンでは例外的といってもよく、ブータン人の大半は仏教徒としてお酒を楽しんでいます。仏教は寛容性のある宗教で、先に見たように、戒律にしてもそれを杓子定規に厳守するものとは見なされていません。ブッダの教えの本質的なことに反しない限りにおいて、融通を利かして適応されるべきものでしょう。ですから不飲酒戒とは、お酒を一滴も口にしてはいけない（禁酒）というのではなく、飲酒によって自らの身口意の行いを自制できなくなることがないようにすること（節酒）が主眼なのです。ニーチェがこれに関して「すべての酒類に対する用心」と評しているのは、まさに核心を衝《つ》いています。

破滅への道

ブッダは、仏教徒として日常生活で行うべきことを説くと同時に、自滅に至るさまざまな行いも指摘しています。『スッタニパータ』には、「破滅への門」として次のような具体例が挙げられています。


理を愛する人は栄え、理を嫌う人は破滅する。

善い人を愛さず、悪い人を愛し、その習慣を楽しむ。これは破滅への門である。

眠りを貪り、集いに入り浸り、励むことなく、怠りなまける。これは破滅への門である。

みずからは安楽に暮らしながら、年老いた父や母を養わない。これは破滅への門である。

おびただしい富、食べ物がありながら、他人には施さない。これは破滅への門である。

血統を、また氏姓を誇りながら、自分の親族を軽蔑する。これは破滅への門である。

女に溺れ、酒に浸り、賭博に嵌《はま》り、得たものをそのつど失う。これは破滅への門である。

自分の妻に満足せず、遊女を買い、他人《ひと》の妻と交わる。これは破滅への門である。

青春を過ぎた男が、乳房がまだティンバル果(51)ほどにしか盛り上がっていない若い女をものにし、嫉妬から夜も眠れない。これは破滅への門である。

(51) 漢訳では鎮頭迦《ちんずか》と音写される。インド柿のことで、その果実はビワの実ほど小粒。

賤しい人

また次のような人を「賤しい人」として、そのように振る舞うことを戒めています。


生きものを害し、愛しみを持たない者、彼は賤しい者である。

村や街を破壊し、包囲し、圧政者として知られる者、彼は賤しい者と知れ。

他人が大切にしている物を、与えられないのに奪う者、彼は賤しい者と知れ。

負債を催促されると、「私は借りていない」と言い逃れる者、彼は賤しい者と知れ。

証人として、自分のため、他人のため、金のために偽証する者、彼は賤しい者と知れ。

合意の上にせよ、親類あるいは友人の妻と交わる者、彼は賤しい者と知れ。

何が利益となるのかを尋ねられたのに、不利益になることを教え、助言を求められても、いい加減な答えをする者、彼は賤しい者と知れ。
自分の悪事が「誰にも知られないように」と願い、隠す者、彼は賤しい者と知れ。
他人《ひと》の家に招かれ、美食にあずかりながら、(その人を)客に招いたときには、礼を尽くしてもてなさない者、彼は賤しい者と知れ。
自らを称賛し、他人を軽蔑し、見下げる者、彼は賤しい者と知れ。

そして最後にこう締めくくっています。

生まれによって賤しい者になるのではなく、生まれによって高貴な人になるのではない。行いによって賤しい者になるのであり、行いによって高貴な人になるのである。

これは二千五百年程前のインドで説かれた教えですが、時と場所を超えた普遍的なもので、現在の日本社会にも当てはまるでしょう。

よき友

仏教徒には、こうした生活規範を守りながら、常に倫理的に行動することで、たえず自らの向上に努めることが求められます。ブッダは、

「この世のことはすべて、移ろうものである。それゆえに、放逸になることなく、精進するがよい」

「みずからを依りどころとし、他人を依りどころとしてはならない。法を依りどころとし、他のものを依りどころとしてはならない」

という遺言を残していますが、仏教徒の歩みはその本質において究極の目的に向かっての、へつらわず、迎合せず、妥協が許されない一人ひとりの自立した歩みです。

「自分より優れた者か、あるいは自分に等しい者に出会わなかったら、むしろきっぱりと独《ひと》りで歩け。愚かな者を道連れにしてはならぬ」

「品行悪く、しっかりした目的を持たない友を避け、欲望に溺れる、怠慢な人に親しまず、犀の角のようにただ独り歩め」(52)

と、「朱に交われば赤くなる」と同趣旨のことを述べ、彼らと交わることを強く諫めています。

しかしブッダは、彼の教えに従う者たちに孤独を強いたわけではけっしてありません。むしろその逆で、

「われらは実に朋友を得る幸せを褒め称える。自分よりも優れた、あるいは等しい朋友には、親しみ近づくべきである」

「学識豊かで、教えを守り、高潔にして、明敏な友と交わり、目的を定めて、疑いをはらすようにするがいい」

「もしも思慮深い友にして、目的を同じくする者がいれば、あらゆる困難に打ち勝ち、心喜び、気を落ち着かせて、彼とともに進め」

と述べ、ともに修行するよき道連れの重要性をも同時に強調しています。次のことばが、それをさらによく表しています。


出家修行者たちよ、朝、日の出に当たっては、まず東の空が明るくなってくる。すなわち、東の空が明るくなるのは、日の出の兆しであり、先駆である。それと同じように、八正道を実践するのにも、その先駆があり、兆しがある。それは、よき友を持つことである。

出家修行者たちよ、よき友を持った修行者は、やがて八正道を実践し始め、かならずや実践を遂げるであろう。

さらには、こうも言い切っています。


あるとき、アーナンダが尋ねた。

「よき友を持ち、よき仲間を持ち、よき交友関係を持つということは、修行の半ばに到達したも同然と思いますが、いかがですか」

ブッダは答えた。

「アーナンダよ、そうではない。よき友を持ち、よき仲間を持ち、よき交友関係を持つということは、修行の半ばに到達したのではなく、修行のすべてである。

なぜなら、よき友を持ち、よき仲間を持ち、よき交友関係を持つ修行者は、かならずや八正道を実践するからである。

アーナンダよ、よき友を持ち、よき仲間を持ち、よき交友関係を持つことは、修行のすべてである」


こうしてブッダは、仏教修行における朋友の重要性をはっきりと認めていました。

仏教徒の道は、一人ひとりが自立して歩まなければならないものです。それゆえに、導いてくれるよき師、よき友に巡り会うことが大切で、そうした人たちとの共同生活は至上の喜びです。それがもっと大きな集合体、社会全体となればなおのことです。

(52) インド犀は角が一本しかないので、その角は独り立ち、自立を象徴します。

人情

二章「ブッダの生涯」で見ましたように、ブッダは「目覚め」の後、しばらくのあいだは解脱の喜びを味わっており、当初は自らの「目覚め」の内容を人に説くことを躊躇しました。そのときブッダが思ったことが、次のように述べられています。

苦労して私が目覚めたことを
今他人《ひと》に説く必要があるだろうか。
貪《むさぼ》りと憎しみにとりつかれている人々にとって
この理《ことわり》は深淵で、見がたく、理解するのは容易ではない。
これは微妙であり、世の一般の流れに逆らったものである。

「貪りと憎しみにとりつかれている」とまでは言いませんが、消費文化を謳歌している現代人にとって、所有に対する執着をなくせというブッダの教えは、受け入れられないものに映るでしょう。その結果、修行を積んで煩悩を超越した高僧はたしかに立派で、仏教は理にかなった素晴らしい教えだが、自分にはとても高尚すぎて、実践できそうにない、と多くの人は思うでしょう。さらには世間は虚仮であると見なして、何らの意義をも見出さず、世を捨てるといった態度は、人生に積極的に取り組まない、後ろ向きの諦めの生き方だと否定的にしか評価されないでしょう。ましてや、家族生活を捨てて仏門に入るなどということは、人情に反した、薄情で冷たい態度に思われるでしょう。

「世俗で善しとされ重んぜられるもの、それは一口でいえば人情である。それは親子の情であり、夫婦愛であり、兄弟の絆であり、友情であり、性愛(エロス)であり、そして、それらの絡み合いのなかで世俗生活を営むにあたって、それを物質的に支える財産への常識的な執着である。それらをひっくるめて「人情」と命名するとして、模範的な出家としてのゴータマ・ブッダは、人情をことごとく否定している」

と、ブッダが到達したのは生のニヒリズムであると見なす仏教学者もいます。たしかに、

「他人《ひと》との絆から愛着が生まれ、愛着から苦しみが生まれる」
「朋友や仲間に憐れみをかけると、心が絆《ほだ》され、自分の目的を失う」
「子供や妻に対する愛着は、竹が広まり他のものと絡まるようなものである」

といった仏典のことばを字面《じづら》どおりに受け止めると、ブッダは親子とか夫婦間の愛情、朋友や仲間との友情・親愛といった日常生活での自然な感情に対して冷淡であったようにも受け止められます。しかしブッダは、愛情、親愛といった感情を持つな、と言っているのではなく、それらは、ややもするとそれが向けられる対象に対する執着となり、それが軋轢《あつれき》、憎しみ、苦しみの原因となるということを指摘しているのです。仏典にはブッダとある牛飼いとの間に交わされた次のような対話がありますが、それがブッダの真意をよく表しています。

牛飼い
「子を持つ者は、子について喜び、牛を持つ者は、牛について喜ぶ。人間の喜びは、愛着の対象から生まれる。愛着の対象を持たない者は、じつに喜ぶことがない」

ブッダ

「子を持つ者は、子について憂い、牛を持つ者は、牛について憂う。人間の憂いは、愛着の対象から生まれる。愛着の対象を持たない者は、じつに憂うことがない」

夏目漱石の小説『草枕』の冒頭に「智に働けば角が立つ。情に棹《さお》させば流される」という有名なことばがありますが、これに共感を覚える日本人は多いでしょう。しかし智と情は必ずしも相容れないものではなく、ブッダは、棹さして流されない情、角が立たない叡智を教えていると言えるでしょう。

親子の情については、私には忘れられない思い出があります。友人のブータン人女性ですが、彼女の息子はほんの幼少の頃に、彼が生まれる数年前に亡くなったある高僧の化身と認定されました。（これはチベット・ブータン仏教特有の化身制度です。）それゆえにその男の子は、幼くして親元を離れ、僧院に引き取られ、僧侶により養育・教育されることになりました。母親としては我が子のことが非常に気がかりでしたが、会うこともままならず数年が経ちました。そして離れてから初めて僧院で会うことができたとき、彼女は母親として寂しかったこと、非常に案じていたことを打ち明けました。それに対して幼僧は、こう答えました。

「ダムチョ(母親の名前)よ、我が子を思う気持ちはわかるが、そなたの愛情は狭い。その愛情を、我が子に対すると同じように、すべての人に抱くべきである。生きとし生けるものに、限りない慈しみの心を抱け」

これを耳にした彼女は、とても驚きましたが、自分の子供がまだ幼くして、立派な僧侶に成長したのがこの上なく嬉しかった、と話してくれました。愛情、親愛といった感情は、往々にしてそれが向けられる対象だけに限られ、身内だけ、自分たちだけがよければ、他人のことには無関心で放っておくという、偏狭な態度になりがちです。ブッダが諫めたのは、こうした自己中心的、排他的な愛情、親愛なのです。

社会的、経済的側面

ここまでは主にブッダが説いたことのうち、個人レベルでの生き方に関わる倫理的、精神的なものを概観してきました。ブッダの関心は、第一に人々の幸せであり、それは、倫理的、精神的原則に基づいた清らかな生活を送って初めて実現されるものです。しかしブッダは、人間生活の物質的、経済的、社会的側面を無視していたわけではありません。そうした側面が好ましくない状況下では、人が精神的に進歩し、幸せになることは難しいということを十分に認識していました。物質的福利はそれ自体が仏教の究極目的ではありませんが、人間の幸せにとっては不可欠ではないにしても、望ましい条件です。ですから、ブッダは人間生活にふさわしい最低の物質的水準の必要性を認めていました。

あるときブッダは一人の信者に、普通の家庭生活を営む者にとっては、

(一)全うな手段で得た富と経済的安定を享受すること。

(二)自分のため、家族のため、友だちと親族のため、そして慈善事業のために自由に支出できること。

(三)借金がないこと。

(四)身口意の悪業を犯さずに過ちのない、清らかな生活を営むこと。

の四つの幸せがある、と説きました。この内最初の三つが経済的なことであることは注目すべきことです。しかし忘れてはならないのは、ブッダは経済的、物質的幸せは、過ちのない、清らかな生活から生まれる精神的幸せには到底及ばない、と述べていることです。

またある仏典には、貧困は犯罪の原因である、と記されています。同時に、犯罪を刑罰によ

って減少させたり、なくそうとするのは無意味で、けっして成功しないとも説かれています。ブッダによれば、犯罪を根絶するためには、人々の経済状況の改善が必須の条件です。農民が種と必要な農具を手にすることができず、商人やビジネスマンに必要な資本が供給されず、労働者が適正な報酬を得られなければ、人々は満足できず、恐れや不安を抱き、その結果として犯罪が生まれます。それゆえにブッダは、経済状況を改善することがいかに大切かを説きました。

これは一人ひとりによって成し遂げられるものではなく、社会全体の課題です。

政治的側面——「国王の十責」

さらにブッダは政治の問題にも注目しました。ブッダの時代、不当に国を治める支配者たちから、人々は過酷な税金を課され、搾取され、抑圧され、残忍な処罰に服しました。ブッダはこうした非人間的な状況に心を痛めていました。彼は、国王、大臣、行政官たちが腐敗し、公平さを欠くと、いかにして国全体が堕落し、国民が不幸になるかを説いています。国が健全であるためには、公正な政府、行政が必要であり、それがいかにして実現されるかを、ブッダは「国王の十責」として説明しています。ここでいう「国王」は、現代の文脈では政府と理解さ

れるべきもので、「十責」は、政府首脳、大臣、政治指導者、司法官、行政官に適用されるべきものです。それは、

(一)在家仏教徒としての五戒を守る。
(二)富と財産に対する渇望と執着を持たない。
(三)個人的快適さ、名声、命を犠牲にしても、民衆の福利のために尽くす。
(四)任務の遂行に当たって、えこひいきすることなく、正直で誠実である。
(五)性格が優しく、親切である。
(六)贅沢に耽《ふけ》ることなく、自分を規律し、簡素な生活を営む。
(七)誰に対しても悪意、敵意、怨み、憎しみを抱かない。
(八)すべての戦争、命の破壊を非暴力によって阻止し、平和を促進する。
(九)立腹することなく、寛容にして、困難、試練、中傷に耐える。
(十)民衆の意思を尊重し、民衆と調和して統治する。

です。

ある国が、こうした資質を具《そな》えた人たちによって治められたなら、その国は幸せであることは言うまでもありません。こうしたブッダの意見は、当時の社会的、経済的、政治的背景の中で評価に値するものであり、現代にも当てはまります。これはけっしてユートピアではなく、インドではこの仏教の原則に則《のっと》ってマウリヤ朝という広大な帝国を治めたアショーカ王（漢訳では阿《あ》育《いく》王。統治：紀元前二六八頃—二三二頃）のような統治者が出現したことがあります。

七仏通戒偈

ブッダの教えの真髄を仏教徒としての立場から凝縮したものとして「七仏通戒偈《しちぶつつうかいげ》」というものがあります。これは過去七仏(53)が共通して唱えたとされるもので、次の四句です。

自らの心を浄め（自浄其意《じじょうごい》）
もろもろの悪をやめ（諸悪莫作《しょあくまくさ》）
もろもろの善をなす。（衆善奉行《しゅぜんぶぎょう》）
これがもろもろのブッダの教えである。（是諸仏教《ぜしょぶっきょう》）

（一部順序変更）

非常に簡潔で、一見すると誰にでもたやすく行えるかのように思えます。この偈に関しては、真偽の程はわかりませんが、次のような有名な話が伝えられています。杜甫《とほ》(七一二―七七〇)と並ぶ唐の代表的な詩人である白楽天すなわち白居易《はくきょい》(七七二―八四六)は、師匠から「これが仏教の真髄だ」と教えられました。すると白楽天は、「そんなことは、三歳の子供でも知っている」と答えました。それに対して師匠は「三歳の子供でも知っているが、八十歳の老人でもなかなか実践できない」と答えたとされます。

まさに仏教は、単に理解する哲学・思想ではなく、実践体系として、自らが実践して初めて意味のある教えであることを物語るものです。

(53) 仏教では、歴史上に実在したゴータマ・ブッダ以前にも六人のブッダが出現したことになっており、総称してこう呼ばれています。

まとめ

こうした人間生活のさまざまな側面を考慮した上で。ラーフラ師は『ブッダが説いたこと』を、

仏教は、
自滅的な権力闘争が放棄され、
征服と敗北がなく、平和と平安が持続し、
罪のない人たちに対する迫害が断固として糾弾され、
軍事的、経済的戦争において何百万という人々を征服する者よりも、
自らを征する者の方が尊敬され、
憎しみが親切により、悪が善により征服され、
敵意、嫉妬、悪意、貪欲が人の心を侵食せず、
慈悲が行動の原動力であり、
生きとし生けるものがすべて公正さと考慮と愛情でもって扱われ、
平和で調和のとれた生活が、物質的にも恵まれた状態で、最高の、もっとも高貴な目的
すなわち究極の真理であるニルヴァーナに向かって前進する社会を作り上げること
を目指している。

と結んでいます。

ブッダは、

「よい教えは理解してこそ糧になり、理解したことは、実践してこそ糧になる」

と述べています。ブッダは現実を直視した人で、ブッダの教えは人生の一瞬一瞬、今ここで実践されるべきものです。

そのことをラーフラ師は、

「本当の人生は、過ぎ去った、死んだ過去の記憶でもなく、まだ生まれていない未来の夢でもなく、この瞬間である。今の瞬間を生きる人は、本当に人生を生きており、もっとも幸せである[54]」

と述べています。

人のすべての行い(カルマ)を左右するのは、意志(チェータナ)すなわち心ですから、ブッダは心の修養を重視し、詳細に説いています。そして修養された心をたえず気付いた状態(サティ)に保ちながら、今この瞬間を生きることが、幸せに生きることに繋がります。そうした生き方を可能にする経済的、社会的、政治的環境を整えることは、仏教国として不可欠な要素です。

(54)「死ぬことを恐れてはいけない。本当に恐れるべきなのは人生を精一杯生き抜かないことである」という名言を残したドイツ人劇作家ベルトルト・ブレヒト(一八九八―一九五六、『三文オペラ』がよく知られています)も、いま・ここを大事にした人でした。

終章　現代と仏教

仏教の変遷と多様化

京都が生んだ二十世紀最大の日本人哲学者の一人である西谷啓治氏(一九〇〇—一九九〇)は、「キリスト教も仏教も、まだ出発してから二千年ぐらいしかたたない。それを完成したものと思って、これが仏教だ、これがキリスト教だというのは、むしろおかしいので、今後も仏教もキリスト教も発展していくべきものだ。そこから世界宗教への道をたどれるかもしれない」といった趣旨のことを述べています。仏教もブッダにより「つくられたもの」である以上、ブッダ自身が常に「すべてつくられたものごとは、変化を免れないものである」と述べているように、時代とともに移ろってきました。二千五百年近くも前にブッダによってインドで説かれた教えは、今日でも世界各地で多くの信者を持っていますが、歴史を振り返ってみますと実に多岐多様に変化・変遷してきました。初期からの教えやしきたりで、今でも忠実に守られているものもあれば、廃止されたもの、大きく変わったもの、あるいは新たに付け加えられたものもあります。現時点で世界の各地に広がっている、実にさまざまな形態の仏教は、その教義、行事、伝統などの面で、一致するところよりも、異なったところが多いくらいです。ですからこれら諸形態のすべてを、「仏教」という一つのことばで呼んでいいものなのか、戸惑いさえ覚えます。たしかに、どの形態の仏教にせよ、ブッダの教えから部分的に逸脱したところや、ブッダの教えが歪曲された部分があることも事実です。しかしそれらは大局的な観点からすれば、枝葉末節と言えるもので、中核においては、やはりブッダの教えに従っており、反するものはありません。

仏教は時代の変遷とともに、それに対応するように変化してきました。ブッダの教えが現代にまで生き延びてきたのは、時代に即した生活の指針、支えを提供してきたがゆえです。これからも時代が変わるに従って、ブッダ自身、そしてブッダ以後に彼の教えを継承してきた仏教者たちが直面しなかった問題、課題が出現するでしょうから、それらに対処する新しい解釈、行動様式が求められます。

ダライ・ラマ十四世

チベット仏教を代表するダライ・ラマ十四世は、「現代の矛盾」としてこう述べています。

「大きくなった家　小なくなった家族

高まった利便性　なくなったゆとり

増えた薬　損なわれた健康
伸びた利益　薄まった絆
これが私たちの時代だ」

ユーモラスであるだけに、鋭く痛い指摘です。こうした世界的状況を前にして、ダライ・ラマは、

「仏教以上に、私が説く宗教はこれです。それは単純です。その寺院は心です。その教義は愛と思いやりです。その道徳は、誰であれ人を愛せよ、そして尊敬せよ。俗人であれ、宗教者であれ、この世界で生き延びるためには、これしか選択肢がありません」

と思い切ったことを宣言しています。そして既成宗教にこだわらず「非宗教的精神性」を推奨しています。

また現代が直面している医療、家庭生活、政治といった諸問題に関しても、『幸福と平和への助言』の中で仏教者の立場から建設的な意見を述べています。ことにグローバリゼーションが進む世界の現状の中で、仏教の縁起・カルマ（業）という概念の伝統的な解釈の枠に留まらず、すべてのものごとは相互依存している以上、私たち一人ひとりには「普遍責任性」があるという新しい概念は注目に値します。

「そもそも私たちと社会の間には互いに関係があります。（中略）私たちの近代社会は密接に相互依存しています。そして一人ひとりの態度は、全体に影響を及ぼします」

これは、縁起・カルマ（業）という仏教の非常に論理的な思考の、グローバリゼーションの時代における妥当性を改めて認識し、それを一つの新しい指針として提案したものです。現代の教育と心理療法で重要視されているのはまさにこのことで、人は自分自身に対して、社会に対して責任があるという、気付きを呼び起こすことです。これは紀元前五世紀にブッダが提起したことであり、それが脈々と現代にまで流れています。

怨みは怨みによって消えることはない

ブッダの教えを、現代でも生活の指針として実行している尊敬に値する人は数多くいます。第二次世界大戦を終結したサンフランシスコ対日講和会議（一九五一）で、仏教国セイロン（現在のスリランカ）は、日本に対する損害賠償請求権がありました。ところがセイロンを代表したJ・R・ジャヤワルダナ蔵相（後にスリランカ大統領。一九〇六―一九九六）は、自発的にそれを放棄しました。その理由として引用したのが『ダンマパダ』の次のことばです。

じつにこの世においては、怨みは怨みによって消えることは、ついにない。怨みは、怨みを捨てることによってこそ消える。これは普遍的真理である。

これは、現代の世界的な紛争解決の場においても、ブッダの教えが生きていることを証明しています。ブッダはまたこうも言っています。

「あの人は私を罵った。あの人は私を傷つけた。あの人は私を負かした。あの人は私から奪った」

そういう思いを抱く人には、怨みはついに消えることがない。
そういう思いを抱かない人からは、怨みは完全に消える。

これもまた普遍的真理です。

過去の事例からして、敵意に対する敵意によってものごとが解決した例はない以上、本当の解決を求めるのなら、この態度を改めて、新しいマインドセットで行動する必要があるでしょう。すべての敵意は、心が生み出すものである以上、敵意をなくすのは心の修養から始めなければなりません。非現実的、消極的と呼ばれるかもしれませんが、真の平和はここからしか生まれません。いまだ各地で、紛争、戦争が絶えない今、ブッダの教えは世界に平和をもたらす真に有効な教えではないでしょうか。

こうしたブッダのメッセージを自らの行動で示したフランス人がいます。彼は仏教徒ではありませんが、いかなる宗教的観点から見ても、これが人としての崇高な行動であることは誰もが認めるものです。

二〇一五年十一月十三日にパリで起こったイスラム教過激派組織による同時多発テロで、妻を失ったアントワーヌ・レリスさんは次のようなメッセージを発表しました。

　金曜日の夜、君たちはかけがえのない人の命を奪った。その人はぼくの愛する妻であり、ぼくの息子の母親だった。それでも君たちがぼくの憎しみを手に入れることはないだろう。君たちが誰なのかぼくは知らないし、知ろうとも思わない。君たちは魂を失くしてしまった。君たちが無分別に人を殺すことまでして敬う神が、自分の姿に似せて人間をつくったのだとしたら、妻の体の中の銃弾の一つ一つが神の心を傷つけるはずだ。

だから、ぼくは君たちに憎しみを贈ることはしない。君たちはそれが目的なのかもしれないが、憎悪に怒りで応じることは、君たちと同じ無知に陥ることになるから。君たちはぼくが恐怖を抱き、他人を疑いの目で見、安全のために自由を犠牲にすることを望んでいる。でも、君たちの負けだ。ぼくたちは今までどおりの暮らしを続ける。

ぼくは今日、妻に会った。夜も昼も待って、やっと会えた。彼女は金曜日の夜、出掛けて行った時と同じように美しく、十二年前、ぼくが狂おしく恋した時と同じようにきれいだった。もちろん、ぼくは悲しみに打ちひしがれている。このことでは君たちに小さな勝利を譲ろう。でも、それも長くは続かない。ぼくは彼女がいつの日もぼくたちとともにいること、そして自由な魂の天国でまた会えることを知っている。そこに君たちが近づくことはできない。

息子とぼくは二人になった。でも、ぼくたちは世界のどんな軍隊より強い。それにもう君たちに関わっている時間はないんだ。昼寝から覚める息子のところへ行かなければならない。メルヴィルはまだやっと十七か月。いつもと同じようにおやつを食べ、いつもと同じように遊ぶ。この幼い子供が、幸福に、自由に暮らすことで、君たちは恥じ入るだろう。君たちはあの子の憎しみも手に入れることはできないのだから。
（土居佳代子訳）

彼はこのメッセージを書いた後で、インタビューに答えて、以下のような趣旨のことを述べています。

私は何も特別な人間ではありません。襲って来た悲しみ、憎しみに、かろうじて踏みとどまりながら書きました。この先、不信にさいなまれることがあるかもしれません。でも憎しみの感情に襲われそうになったときは、このメッセージに立ち返って、生きる喜びを持ち続けたい。

この事例からも窺えるように、怨みや憎しみといった感情は、人間にとって自然ではありますが、それに打ちのめされるか否かは、人次第です。仏教徒は「第二の矢」を受けません。

仏教国ブータン——理想的為政者

ブータンは国民の幸福を第一に追求している国です。半世紀近く前に第四代国王ジクメ・センゲ・ワンチュックは、「Gross National Happiness(GNH、国民総幸福)は、Gross National Product(GNP、国民総生産)よりも重要である」と宣言し、GNHを国の方針の中心に据えました。この幸せを目指す「国民総幸福」という姿勢は、いうまでもなくブッダの教えを基盤としたものであり、私たちが新しい社会改革、開発を考える上での指針となるものです。第四代国王の王妃ドルジ・ワンモ・ワンチュック殿下は日本での講演で次のように述べています。

近代生活、グローバリゼーションとよばれる世界市場、そして技術革新といった現象と、仏教との関係について、私の考えを述べさせていただきます。(中略)私たちが懸念しているのは、私たちを駆り立てている価値観の問題です。世界の人口の大半が、極度の経済的苦しみに直面していることからして、物質的発展が必要なことは自明です。と同時に、いわゆる「富んだ半球」である北半球でも、心配、不安、ストレスといった精神的苦しみが大きいことを考えると、精神的発展が必要なことは、それ以上に明白です。技術革新、世界市場化といった現象は、私たちの欲望および消費をますます煽《あお》り立て、私たちをいっそう官能主義的にしています。そうした中で、先進国、開発途上国を問わず、世界の人々および政府は、よりよい生活と一層の幸福を確保しようと努力しています。しかし、皆様もお気付きのように、現在の経済の主流は、個人が消費者であること、そして消費者が王様であることを正当化し、個人をその快楽に溺れさせています。こうした近代化の中では、人々はいっそう消費に走り、ますます消費の自由を追求します。市場にとっては、それが売り上げを伸ばし、拡張する唯一の道です。こうした近代化の理論は、一般には疑問視されることはありません。しかし仏教徒としては、はたしてそれが倫理的なのか、本当の幸せをもたらすものかどうかを、考えねばならないと思います。(中略)現在進行中の近代化は、こうした仏教の理念に則した社会を実現する可能性を根底から覆すものなのではないのかと、自問せざるを得ません。私たちブータン人は、本当の意味で開花した人間および社会を実現する、別な近代化の道があるのではないかと模索しています。本当に開花した人間とは、単に開発消費の主人公としての人間とは別物です。

ブータンが心がけているのは、仏教に深く根ざしたブータン文化に立脚した社会福祉、優先順位、目的に適った近代化の方向を見出すことです。一部の人々は、仏教を始めとする哲学的考察と政治・経済とは、異なった次元のものだと考えていますが、けっしてそうではなく、すべてが統合され、総合的に考慮されるべきものです。

今日もっとも重要な課題は、西洋的政治・経済の理論と仏教的洞察との溝を埋めることです。仏教の活力と仏教社会の将来は、仏教の理想をどのようにして社会の進むべき方向、あるいは取るべき選択に肯定的に反映することができるかにかかっています。

王妃が懸念しているのは、次から次に新製品を市場に送り出し、「世界は欲しいものにあふれている」といって消費者を煽る現在の消費至上主義なのです。

このブータンで二〇〇六年に即位した、第四代国王の長男である第五代国王ジクメ・ケサル・ナムゲル・ワンチュック(一九八〇年生)は、二〇〇八年の戴冠宣言を次のように締めくくっています。

最後にブータンへの祈りを捧げます。平和と幸福の太陽が我が国民の上に永遠に輝かんことを。私はまた、こうも祈ります。私はヒマラヤの一小王国の国王でしかありませんが、私の治世の間に、この世界のすべての人々の、生きとし生けるもののさらなる幸福と福利のために、多くの貢献ができんことを。タシデレ(吉祥あれかし)!

ここに見られるのは、一国の国民の幸福を目指すＧＮＨ「国民総幸福」という理念の次元を超えたＧＧＨ（Gross Global Happiness）「地球総幸福」理念、すなわち、すべての生きとし生けるもの（有情）の幸せを願う、「有情総幸福」ともいえる仏教理念です。これはグローバリゼーション時代の新たな指針となりうるものでしょう。「地球総幸福」への貢献を自分の治世の最大の使命と自覚している第五代国王治世下でのブータンの存在意義は、弥増《いや》しに大きくなることでしょう。

現在の日本と仏教

第二次世界大戦終了直後の日本は史上かつてない荒廃の中にありました。その中から「追いつけ、追い越せ」のかけ声のもと、日本は驚異的復興、発展、繁栄を遂げ、今や世界に冠たる経済大国になりました。その精神を代表するモットーは松下電器産業（現在のパナソニック）の創始者、松下幸之助（一八九四―一九八九）のＰＨＰ（Peace and Happiness through Prosperity、「繁栄を通じての平和と幸福」）でしょう。そして、国民はこうして達成された経済的繁栄の恩恵を蒙《こうむ》っていることは確かです。しかしその繁栄が、はたして国民に幸せをもたらしたかどうかを考えてみると、必ずしもそうとは言えません。むしろ、経済発展の負の側面が顕在化し、人々は幸福から遠のいていると、多くの人が感じ取っています。少し前のある統計によれば、日本の小学生の五八％、中学生の六四％、高校生の六七％は、「お金がたくさんあると幸せになれる」と思っています。これはいかに国民の間に経済優先思考が強いかを物語っているでしょう。しかしそれとは裏腹に、国民の大半は経済的繁栄が、必ずしも平和と幸福をもたらさなかったことを実感してもいます。日本は大きく転換すべき時を迎えています。新しい方針は、先と同じくＰＨＰでしょう。しかし同じＰＨＰでも「繁栄を通じての平和と幸福」ではなく、その構成要素間の前後・本末を逆にした「幸福と平和を通じての繁栄（Prosperity through Happiness and Peace）」です。戦後七十年以上にわたっての方針のもとで、社会のあり方がけっして望ましいものにならなかったことは明らかです。それゆえに、その延長線上にあるアベノミクスといった経済優先的な政策ではなく、それとは異なる新たなあり方を試みてみる価値はあるでしょうし、そうすべきでしょう。経済的発展、科学的進歩を重視・優先し、精神的・内面的発展をなおざりにすることは、長期的には有害な結果をもたらしかねません。必要なのは、一八〇度の方向転換、根底からのマインドセットの変換であり、精神革命です。そのためには、仏教思想を根底に、国民の幸福を第一に追求しているブータンなどが参考になるのではないでしょうか。

日本仏教は、インド仏教・中国仏教にはなかった新たな次元を取り入れた独自のものを形成してきました。その際たるものが天台本覚《ほんがく》思想でしょう。これはインド仏教以来の生きものだけを対象にした「一切衆生悉有仏性」(四章一七六―一七八頁)をさらに自然界全体まで包摂した「山川草木悉皆成仏《さんせんそうもくしっかいじょうぶつ》」あるいは「草木国土悉皆成仏《そうもくこくどしっかいじょうぶつ》」(すなわち、山も川も草も木も国土〔を構成するもの〕もすべて仏になる可能性を内蔵している)という思想です。日本人はこの世界観に立って、長い間豊かな自然と深い調和を保ちつつ生活し、独自の文化を築き上げてきました。この生き方は、現在世界的課題となっている環境保護、持続可能な開発目標(SDGs)、地球温暖化対策にも通じるものです。ところが第二次世界大戦後の経済至上主義の中で、それがすっぽり消えてしまいました。しかし日本人の深層意識には、現在もそうした感性が脈々と流れています。それは地下水のようなもので、目には見えませんが枯渇はしておらず、ただ覆い隠されているだけです。この感性を再び顕在化させ、社会の行動規範とすること、これが日本人の課題でしょう。その先にこそ日本人の幸福なあり方が見えてくるはずです。「はじめに」で紹介しました池上彰氏が「日本が危機を迎えている今、救いを求める気持ちに応えてくれるような仏教者が日本に登場することを期待し」「ダライ・ラマ法王のような魅力的な仏教の伝え手が、日本にも登場してほしいのです」と述べておられるとおりです。日本にもブッダの教えの実践の証としての輝ける幸せな顔を持った仏教者が出現するのを望まないではいられません。

しかしながらこの点に関して、日本仏教の現状は必ずしも喜べないものがあります。明治以来、出家僧として独身戒を守る僧侶はほんの一握りとなり、大半の僧侶は妻帯し、家族生活を営んでいます。そして、いわゆる寺族と呼ばれる一種の社会階級を形成し、寺はほとんど世襲制となり、寺院は一人の僧侶とその家族の生活の場を兼ねるようになっています。ですから、本来の意味での出家者の集団としての僧伽は、例外的な大本山を除いては存在しなくなりました。僧(侶)は語源からして出家者の集団である僧伽を構成する一員を指すもの(七二頁注19)であり、一人ひとりが個別に家族生活を営む形態は、本来のものではありません。こうした状況の中で日本の僧(侶)は、僧伽に課された本来の使命、すなわち自らが在家信者への手本となる生き方をし、ブッダの処方薬である教えを与える看護師チームとしての役目を果たしているとは言えないでしょう。この点が改善されて初めて、仏教が再び日本人の行動規範となり、健全な人間性が開花するでしょう。

これからの世界と仏教

歴史を遡ると、インドではブッダの没後二世紀(あるいは一世紀とも言われます)程して、ブッダの理念に則って大帝国を治めた王がいます。彼こそは、「神々から愛された者」と称えられたマウリヤ朝インドの偉大な仏教王アショーカです。彼は勢力の絶頂にあり、さらなる領土の征服を続ける力がありながら、戦争を放棄し、平和と非暴力を志向しました。それを念頭に置きラーフラ師は、世界の平和について次のように述べています。

歴史上によく知られた偉大な統治者で、広大な帝国の内政、外交を司るのに、この非暴力、平和、愛の教えを適用する勇気、自信、ヴィジョンをもった人が一人でもいたことは、慰めであり、ものごとを考えるためのインスピレーションを与えてくれる。（中略）

力の均衡による、あるいは核兵器の脅威による平和維持は愚かである。武力が生むのは恐怖でしかなく、けっして平和は生まれない。恐怖によって真正な、永続的平和が維持されることはありえない。恐怖から生まれるのは憎しみ、悪意、敵意だけであり、それらは一時的には相手を押さえ込めるかも知れないが、いつなんどき暴力として噴出するかもしれない。真実で真正な平和は、恐怖、猜疑、危険から解き放たれたメッター（慈しみ）、すなわち友愛の雰囲気の中にしか出現しない。

師がこう述べたのは、人類史上最大の戦争である第二次世界大戦が終結したにもかかわらず、すぐに世界を二分する「冷戦」が始まりつつあった当時(一九五〇年代前半)の国際情勢を踏まえてのことです。二十一世紀に入り、グローバリゼーションが加速しつつある今、あちこちで戦争、紛争、対立が止むことなく、地域間そして同一国内での貧富の格差はますます大きくなりつつあります。現代の世界は、ブッダの教えとは相容れない方向に向かいつつあります。こうした中で、現代のフランス思想界を代表する一人であるフレデリック・ルノワール氏(一九六二年生)は、つぎのように述べています。

本来的に、不寛容な宗教的排他性にあまりにも傾きがちな一神教の場合には、不幸にもしばしば、分割し支配するという性向が見られる。それに対して、ダルマ(仏法)はその根本的に平和的で合理的、かつプラグマティックで寛容な性格ゆえに、むしろ人々を結びつけ、絆《きずな》を作り出す傾向が「本来」ある。これからの長い歴史の中で、仏教と西洋との出会いがもたらす果実のひとつは、数々の一神教に、最も重要なメッセージは慈愛であるということを思い起こさせることにより、その非妥協的な面を弱め、やわらげることであろう。ブッダの微笑みは、グローバリゼーションという全人類にとっての挑戦を克服するために、

私たちの世界が大いに必要としている、この精神的やわらぎである。（今枝・富樫瓔子訳）

深い洞察に基づく、傾聴に値する指摘です。

二十世紀最大の歴史学者であるA・J・トインビーは「仏教と西洋の出会いは、二十世紀のもっとも有意義な出来事である」と述べていますが、それはこのことを指していたのでしょう。またダライ・ラマ十四世と共に一九八七年にマインド・アンド・ライフ（心と生命）研究所を創設したチリ生まれでフランスで活躍した認知神経学者フランシスコ・ヴァレラ（一九四六―二〇〇一）は「仏教の伝統の再発見は、西洋文化史上の第二のルネッサンスである。その衝撃は、ヨーロッパのルネッサンス期におけるギリシャ思想の再発見の衝撃に匹敵する重要性を持つだろう」と述べています。

二十一世紀になり、その意味はますます大きくなったと言えます。仏教の宗教的、人間的寛容性により、世界の排他的傾向、対立が融和することを願わざるを得ません。

こうした中で、今し方述べましたように、たとえほんの小王国であれ、国民の、そして世界のすべての人の幸福を第一に見据えて、崇高な理念を追求する第四代・五代ブータン国王のような為政者が現にいることは、私たちに大きな勇気と希望を与えてくれます。

このブータンのイニシアティブで、二〇一二年に国連が三月二十日を国際幸福デー（ハピネスデー、幸福の日）に制定したことは、記憶に新しいことです。このことは幸福という概念が、ある特定の国、民族に限ったものではなく、地球上のすべての人の共通の願いであることを示しています。それはまさにブッダの願いでした。

これからの世界の幸せを考えると、ブッダが述べているように、世界の人々の一人ひとりがあらゆる行為に対して自分自身が責任を持たなければならないことを自覚する必要があります。人々がそうした自覚と責任感を持って行動するようになれば、アショーカ王のような理想的な為政者も現れ、貧富の差もなくなり、人々が長寿を、幸せを享受できる社会が到来するのではないでしょうか。ブッダの教えはそうした社会の出現に役立つものと確信します。

今しがた言及しましたマインド・アンド・ライフ研究所（一九八七年創設）は、アメリカのいくつかの初等教育機関で、仏教的瞑想と価値観を導入した教育を実験的に行っていますが、非常にポジティブな成果を上げています。

ブッダは西洋哲学の伝統を興した巨人たる、プラトンやアリストテレスにも比肩する存在だ。世界中のあらゆる子どもたちの教育に、彼の思想が部分的に組み込まれるべきである。それは世界を、より穏やかで知的であるという意味において、文明化された場所とするのに役立つだろう。

（浅野孝雄訳）

というR・ゴンブリッチ教授のことばで本書を締め括ることにします。

あとがき

著者は最近になってスリランカ出身のワールポラ・ラーフラ師(一九〇七―一九九七)の『ブッダが説いたこと』(岩波文庫、二〇一六年)を邦訳出版する機会を得ました。この本は、自ら立派な仏教修行者であり、仏教を語るのにもっともふさわしい人の一人が、もっとも古い仏教テクストに見出される、基本的なブッダの教えを誰にもわかるように明晰に説いたものです。現時点で入手出来る最良の仏教入門書であり、これを日本語で読めるようにできたことをこの上なく嬉しく思っています。

しかしながら、あくまで原著に忠実でなければならない訳者としての作業を終えた今、一つだけ危惧があります。それは、「(私は)古代のテクストを常に思い浮かべつつ、同義語や反復を意図的に残した。なぜなら、それらは口承で現在まで伝えられてきたブッダの教えの一部なので、読者にもそれを感じて欲しいと思ったからである。(中略)本書のタイトルを『ブッダが説いたこと』とした以上、ブッダが用いた象徴も含めて、ブッダ自身のことばをそのまま記すべきだと考えた。そうしないほうが、読者にとってはわかりやすい場合もあるであろうが、それは意味を歪曲する危険性を犯すことにもなったであろう」と述べる原著者の態度に由来します。

つとに江戸時代の国学者本居宣長《もとおりのりなが》(一七三〇―一八〇一)が、「すべて仏経は、文のいとつたなきものなり。一つに短くいひとらるゝ事を、くだ〳〵しく同じことを長々といへるなど、天竺国の物いひにてもあるべけれど、いとわづらはしうつたなし」と述べていますが、これは仏典に対する日本人の印象を代弁しているでしょう。そしてこれは、スリランカ出身のラーフラ師の『ブッダが説いたこと』にも残念ながら当てはまるところがあります。数多くの真正なパーリ語テクストを正確に平易に翻訳してあるとはいえ、ブッダが用いた同義語、反復、象徴を意図的に残し、それらをして語らしめるというスタイルは、文化的背景を異にする現代の日本人にとっては、この著作をいささかとっつきにくいものにしていることは否めません。しかし、そのスタイルを変えることは翻訳者には許されないことで、このことは翻訳中から懸念していたことです。

にもかかわらず、この訳書が広く受け入れられたことを非常に喜んでいます。この名著に付け足せることはほとんどありませんが、あえて本書を著作したのには三つの理由があります。

一つは私なりの師への敬意を表すためです。これはゴンブリッチ教授が自著『ブッダが考えたこと』を「師へのオマージュ」であると記しておられるのとまったく同じ気持ちです。

もう一つはより具体的なもので、ラーフラ師の古典的名著『ブッダが説いたこと』が、ところどころ「インド的で、非常に煩わしく」映る文体ゆえに、師自身が懸念されていたように、訳書が日本人読者にすんなりと理解されないとしたら、あまりにも残念であるという思いです。それゆえに、師の名著を私なりに咀嚼《そしゃく》・敷衍《ふえん》し、日本人にとってより受け入れやすいものにしようと努めました。

最後に、そして何よりも、「はじめに」で引用した池上氏が述べられているように、「仏教にもともとあった、よりよく生きるための教えという側面」に改めて光を当てたかったからです。

私は、五十年余におよぶ研究生活において、数々の良き師、良き友に恵まれました。また四十年近く勤務したフランス国立科学研究センター（CNRS）では、類い稀な自由を与えられ研究することができました。そして、ブッダの教えを本当に心の支えとして生き、亡命という苦境にあっても顔が輝いている数多くのチベット人や仏教国ブータンの人たちに長きにわたって親しく接し、薫陶を受けてきました。振り返ってみると、

なにごとの縁《えにし》なるかは知らねども　ありがたさにぞ涙流るる

というのが卒直な感慨です。

本書が、日本人がブッダの教えを新発見し、日本にも輝く顔を持つ人が一人でも多く出現するための一助となることをせつに望んで止みません。

本書を著すにあたっては、数多くの先学の著作を参照しました。一人一人のお名前は記せませんでしたが、そのすべての方々に厚くお礼申します。

最後に、岩波書店の清水御狩さんに深甚の謝意を表します。氏は、本書の草稿の最初の読者として、理解者、相談相手として、企画を前向きに検討し、実現に尽力くださいました。そして編集者としての細心の配慮と、多くの適切な助言をいただきました。本書を上梓できたのは、ひとえに氏の理解と励ましのおかげです。

主要参考文献

本書を執筆するにあたっては数多くの先学の著作を参照し、恩恵を受けましたが、その中で最近の主要なものを以下に挙げます。

アレン、ジェームズ『「原因」と「結果」の法則』(坂本貢一訳)サンマーク出版　二〇〇三年
池上彰『池上彰と考える、仏教って何ですか?』飛鳥新社　二〇一四年
今枝由郎『ブータン仏教から見た日本仏教』NHKブックス　二〇〇五年
今枝由郎『ブータンに魅せられて』岩波新書　二〇〇八年
今枝由郎『ブータン　変貌するヒマラヤの仏教王国』(新装増補版)大東出版社　二〇一三年
川鍋征行「ニーチェの仏教理解」『比較思想研究』第八号　一九八一年
クロンベ、ヴェロニック『ブッダ　生涯と教え』(今枝由郎訳)大東出版社　二〇〇三年
ゴンブリッチ、リチャード『ブッダが考えたこと　プロセスとしての自己と世界』(浅野孝雄訳)サンガ　二〇一八年

ショーペンハウアー、アルトゥール『意志と表象としての世界』(西尾幹二訳)中公クラシックス　二〇〇四年
ショーペンハウアー、アルトゥール『幸福について』(鈴木芳子訳)光文社古典新訳文庫　二〇一八年
ダライ・ラマ十四世『幸福と平和への助言』(今枝由郎訳)トランスビュー　二〇〇三年
ダライ・ラマ十四世『ダライ・ラマ 宗教を越えて　世界倫理への新たなヴィジョン』(三浦順子訳)サンガ　二〇一二年
ニーチェ、フリードリヒ『偶像の黄昏/アンチクリスト』(西尾幹二訳)白水社イデー選書　一九九一年
馬場紀寿『初期仏教　ブッダの思想をたどる』岩波新書　二〇一八年
宮元啓一『仏教誕生』ちくま新書　一九九五年
宮元啓一『ブッダが考えたこと　仏教のはじまりを読む』角川ソフィア文庫　二〇一五年
宮元啓一『仏教の倫理思想　仏典を味読する』講談社学術文庫　二〇〇六年
ラーフラ、ワールポラ『ブッダが説いたこと』(今枝由郎訳)岩波文庫　二〇一六年
ルノワール、フレデリック『仏教と西洋の出会い』(今枝由郎・富樫瓔子訳)トランスビュー

二〇一〇年
ルヴェル、ジャン＝フランソワ＋リカール、マチウ『僧侶と哲学者　チベット仏教をめぐる対話』（菊地昌実・高砂伸邦・高橋百代訳）新評論　一九九八年（新装版　二〇〇八年）
レリス、アントワーヌ『ぼくは君たちを憎まないことにした』（土居佳代子訳）ポプラ社　二〇一六年
渡辺一夫『私のヒューマニズム』講談社現代新書　一九六四年
渡辺一夫『寛容について』筑摩叢書　一九七二年
『日常語訳　ダンマパダ　ブッダの〈真理の言葉〉』（今枝由郎訳）トランスビュー　二〇一三年
『ブッダのことば　スッタニパータ』（中村元訳）岩波文庫　一九八四年
『日常語訳　新編スッタニパータ　ブッダの〈智恵の言葉〉』（今枝由郎訳）トランスビュー　二〇一四年

今枝由郎

1947年生まれ，大谷大学文学部卒業．パリ第七大学国家文学博士号修得．1974年からフランス国立科学研究センター(2012年定年退職)．1981–1990年ブータン国立図書館顧問としてブータン在住．専門はチベット歴史文献学．
著書に，『ブータン仏教から見た日本仏教』(NHKブックス)，『ブータンに魅せられて』(岩波新書)他，訳書に『サキャ格言集』，ワールポラ・ラーフラ『ブッダが説いたこと』，ゲンデュン・リンチェン『ブータンの瘋狂聖　ドゥクパ・クンレー伝』(以上岩波文庫)，ダライ・ラマ14世『幸福と平和への助言』，『日常語訳　ダンマパダ　ブッダの〈真理の言葉〉』，『日常語訳　新編スッタニパータ　ブッダの〈智恵の言葉〉』(以上トランスビュー)他．

ブッダが説いた幸せな生き方　岩波新書(新赤版)1879

2021年5月20日　第1刷発行

著　者　今枝由郎《いまえだよしろう》

発行者　岡本　厚

発行所　株式会社 岩波書店
〒101-8002 東京都千代田区一ツ橋2-5-5
案内 03-5210-4000　営業部 03-5210-4111
https://www.iwanami.co.jp/

新書編集部 03-5210-4054
https://www.iwanami.co.jp/sin/

印刷・精興社　カバー・半七印刷　製本・中永製本

ISBN 978-4-00-431879-8　　Printed in Japan

岩波新書新赤版一〇〇〇点に際して

ひとつの時代が終わったと言われて久しい。だが、その先にいかなる時代を展望するのか、私たちはその輪郭すら描きえていない。二〇世紀から持ち越した課題の多くは、未だ解決の緒を見つけることのできないままであり、二一世紀が新たに招きよせた問題も少なくない。グローバル資本主義の浸透、憎悪の連鎖、暴力の応酬――世界は混沌として深い不安の只中にある。

現代社会においては変化が常態となり、速さと新しさに絶対的な価値が与えられた。消費社会の深化と情報技術の革命は、種々の境界を無くし、人々の生活やコミュニケーションの様式を根底から変容させてきた。ライフスタイルは多様化し、一面では個人の生き方をそれぞれが選びとる時代が始まっている。同時に、新たな格差が生まれ、様々な次元での亀裂や分断が深まっている。社会や歴史に対する意識が揺らぎ、普遍的な理念に対する根本的な懐疑や、現実を変えることへの無力感がひそかに根を張りつつある。そして生きることに誰もが困難を覚える時代が到来している。

しかし、日常生活のそれぞれの場で、自由と民主主義を獲得し実践することを通じて、私たち自身がそうした閉塞を乗り超え、希望の時代の幕開けを告げてゆくことは不可能ではあるまい。そのために、いま求められていること――それは、個と個の間で開かれた対話を積み重ねながら、人間らしく生きることの条件について一人ひとりが粘り強く思考することではないか。その営みの糧となるものが、教養に外ならないと私たちは考える。歴史とは何か、よく生きるとはいかなることか、世界そして人間はどこへ向かうべきなのか――こうした根源的な問いとの格闘が、文化と知の厚みを作り出し、個人と社会を支える基盤としての教養となった。まさにそのような教養への道案内こそ、岩波新書が創刊以来、追求してきたことである。

岩波新書は、日中戦争下の一九三八年一一月に赤版として創刊された。創刊の辞は、道義の精神に則らない日本の行動を憂慮し、批判的精神と良心的行動の欠如を戒めつつ、現代人の現代的教養を刊行の目的とする、と謳っている。以後、青版、黄版、新赤版と装いを改めながら、合計二五〇〇点余りを世に問うてきた。そして、いままた新赤版が一〇〇〇点を迎えたのを機に、人間の理性と良心への信頼を再確認し、それに裏打ちされた文化を培っていく決意を込めて、新しい装丁のもとに再出発したいと思う。一冊一冊から吹き出す新風が一人でも多くの読者の許に届くこと、そして希望ある時代への想像力を豊かにかき立てることを切に願う。

（二〇〇六年四月）